朝日新書
Asahi Shinsho 885

よみがえる戦略的思考

ウクライナ戦争で見る「動的体系」

佐藤　優

朝日新聞出版

まえがき

長期戦の様相を見せているウクライナ戦争によって国際政治は大きく塗り替えられている。

ロシアの最終目的は何か。もともと〝破綻国家〟となっていたウクライナはどこに着地点を見出すのか。本書では私の考えを率直に記した。今必要なことは即時停戦である、と私はロシア政府関係者にも日本の世論にも訴え続けているが、その道はまだ見えない。

アメリカはソ連崩壊後の30年間、「冷戦の勝利者」と自らを捉え、戦略的思考を停止していた。これが今回のロシア侵攻という外交的危機をもたらし、エネルギーや食糧を中心とした世界的な経済危機を深刻化させている。

西側諸国は武器と戦費を提供するだけで、兵士を派遣することはしない。自国民の血を流さず、ウクライナ人の生命と身体を対価にして西側にとって重要な価値を追求している。私にはこのような西側諸国の対応がシニシズム（冷笑主義）に見える。「第三次世界大戦はもう始まっている」というエマニュエル・トッド氏の認識が現実にならないように私たちは全力を尽くさなくてはならない。現下の危機を克服するために、戦略的思考を取り戻すことが不可欠だ。

米ロ間の戦略的安定のための対話をよみがえらせることが、意味ある競争と価値ある国際関係を回復させることにつながる。なかでも本書で繰り返し述べるように、国際政治においては、「価値の体系」「利益の体系」「力の体系」という三つの要素がきわめて重要だ。国際関係とは、故・高坂《こうさか》正堯《まさたか》氏が唱えたようにこの三要素が複雑に絡み合った動的体系であるからだ。この知的枠組みを援用して、ウクライナ戦争をめぐる日本と世界のあり方を分析することは有用と私は考える。

資源に乏しい日本がエネルギー問題をどう取り扱っていくか。この点で日本政府がサハリン１・２の石油・天然ガス開発プロジェクトを継続する姿勢を示していることは適切な判断だ。世界のパワーバランスと日本の生き残りをかけた戦略がかつてないほどに求められている。
日米同盟は日本外交の基本である。ただしそのことは日本が米国の外交政策を無条件に支持するということではない。日本は主権国家として、ロシアとの関係においても「価値の体系」だけでなく「利益の体系」「力の体系」を含む総合的政策判断をしなくてはならない。

本書を上梓するにあたっては、朝日新聞出版の中島美奈氏、マガジンハウスの山田聡氏にたいへんにお世話になりました。どうもありがとうございます。

二〇二二年九月十四日、曙橋（東京都新宿区）の自宅にて、

佐藤　優

よみがえる戦略的思考

ウクライナ戦争で見る「動的体系」

目次

第4章　コメディドラマ『国民の僕《しもべ》』を読み解く

第1章　国家間の関係を総合的に整理する

「価値の体系」「力の体系」「利益の体系」の三要素

「価値」「力」「利益」の三要素

ウクライナ戦争を、私たちはどのような視座から見るべきか。

それを考察する前に、まずは1941（昭和16）年12月8日の日本にさかのぼってみる。

日本は、国民総生産で約12倍、航空機生産量で5倍、国内石油産出量に至っては約800倍の差（いずれも開戦時）があるアメリカを相手に戦争を始めた。なぜ、勝ち目のない戦争に突入したのか。今なお、問い続けられている。ウクライナ戦争について考察するにあたり、太平洋戦争の話から始めるのには理由がある。

外交あるいは国際政治は、「価値の体系」「力の体系」「利益の体系」の総合から成り立っている。この三要素のうち、どれか一つでも肥大化することで、バランスを欠いてしまうと、国を誤ることになってしまう。太平洋戦争の開戦を価値の体系で見るとこうなる。

欧米列強、つまり白人によって植民地支配されているアジア諸国の解放を日本が主導して行う大東亜共栄圏の構築という大義が掲げられた。客観的に見てその構想を実現する力が日本にはなかった。開戦時の日米の国力差では圧倒的に日本が劣っていた。開戦の半年前、日本は南部仏印《ふついん》（フランス領インドシナ）に進駐した。泥沼化する日中戦争の打開と資源が豊富な南方進出の足がかりを作ることが主目的だった。しかし、南部仏印進駐をきっかけにアメリカは対日石油輸出を禁止した。将来の利益獲得どころか、日本国家と既得権益を守ることさえ覚束《おぼつか》なくなってしまった。

当時の指導層は彼我の国力差はわかっていた。開戦直前、ハル・ノート（米国務長官コーデル・ハルが提示した覚書。事実上の最後通牒《つうちょう》）への対応をめぐって開かれた11月29日の重臣会議のやりとりを、当時の外務省アメリカ局長だった山本熊一《くまいち》氏が『大東亜戦争秘史』にまとめている。その内容を作家の半藤一利《はんどうかずとし》氏が『戦争というもの』（PHP研究所）で紹介している。重臣会議における東條英機《とうじょうひでき》首相兼陸相と重臣の若槻《わかつき》礼次郎《れいじろう》との応酬が、価値の体系と力の体系との衝突を体現している。東條は開戦を主張し、こう語る。

〈自存自衛と八紘一宇《はっこういちう》、すなわち東亜諸民族をして、それぞれがその所を得しむる新秩序の建設を妨害せられては、大日本帝国としては起《た》たざるをえないのである。今日まで外交交渉打開につとめて大いに自重してきたが、しかし、いまや武力を発動しても営々たる正義の行動たるに恥じないのである〉(『戦争というもの』)

これに対して若槻は、〈理論より現実に即してやることが必要でないかと思う。力がないのに、あるように錯覚してはならない。したがって日本の面目《めんもく》を損じても妥結せねばならないときには妥結する必要があるのではないか。たとえそれが不面目であっても、ただちに開戦などと無謀な冒険はすべきではない〉と反論する。さらに東條は〈理想を追うて現実を離るるようなことはせぬ。しかし、何事も理想をもつことは必要である。そうではないか〉と応じ、若槻は〈いや、理想のために国を滅ぼしてはならないのだ〉と反駁《はんばく》する。

東條は日本にとって重要な「価値」に依って対米戦争やむなしと主張し、若槻は自国の「力」を冷静に見極めて、不面目であっても対米開戦に反対した。しかし、肥大した「価値」の体系が「力」の体系を抑え、1941年12月8日を迎える。当時、戦争や事変のたびに部数を伸ばした新聞各紙、知識人、世論も「価値」の体系を肥大させていた。その結果、日本は壊滅的な敗北を喫した。

高坂正堯氏の慧眼

ウクライナ戦争を見るときも、「価値の体系」「力の体系」「利益の体系」の三要素で検討することが有効だ。これについては、京大教授をつとめた高坂正堯《こうさかまさたか》氏（1934～96年）が現実主義（リアリズム）の立場から国際政治を分析している。優れた知識人であった高坂氏の読み解きをまずは紹介しよう。

〈各国家は力の体系であり、利益の体系であり、そして価値の体系である。したがって、国家間の関係はこの三つのレベルの関係がからみあった複雑な関係である。国家間の平和の問題を困難なものとしているのは、それがこの三つのレベルの複合物だということなのである。しかし、昔から平和について論ずるとき、人びとはその一つのレベルだけに目をそそいできた〉（『国際政治』高坂正堯、中公新書）

この観点からウクライナ戦争に対する日本の政策を見てみよう。

その前提として、ロシアによるウクライナ武力侵攻は、国際法違反であり、ウクライナの国家主権と領土の一体性を毀損《きそん》するもので許容できるものでないことは言うまでもない。しかし、それゆえに日本のインテリジェンスの分野で「政治化」が起きている。

情報を扱う人間やメディアに〝政治的・道義的に正しいウクライナを応援せねばならない〟という意識が働き過ぎているのだ。その典型例を『ウクライナ戦争の衝撃』(増田雅之編著、インターブックス)に収められた山添博史《やまぞえひろし》氏の論考に見ることができる。

典型的な「インテリジェンスの政治化」

この本は防衛省防衛研究所の研究官による、ウクライナ戦争をめぐる分析論文集だ。山添氏は「第2章　ロシアのウクライナ侵攻」を執筆している。山添氏は防衛研究所の米欧ロシア研究室主任研究官だ。厳しいことを言うようだが、この文書は筆者が勤務していた頃の外務省国際情報局ならば、上司の決裁が通らずに抜本的な書き直しを命じられる水準のものだ。山添氏は自身の立場を明らかにしている。

〈プーチン政権は長年、北大西洋条約機構（ＮＡＴＯ）拡大の動きに対する反発を示してきた。しかし、これを主要な原因として、我々がＮＡＴＯや米国の政策動向を非難すると、ウクライナ侵略の本質を見誤るうえ、ロシアの主張を支援して世論の分断に加担してしまうことになる〉（『ウクライナ戦争の衝撃』）

ＮＡＴＯ東方拡大は、今回のウクライナ戦争の要因の一つであることは間違いない。だが、ＮＡＴＯや米国の政策動向を批判的に捉えると、結果としてロシアの主張を正当化することになる、さらに日本世論を分断するという危惧から、ＮＡＴＯの東方拡大を棚上げして論じるというのだ。こうした前提がそもそも政治的配慮のなされた情報分析、つまり典型的な「インテリジェンスの政治化」だ。

さらに山添氏は「ミンスク合意」を破棄したのはロシア側であると主張する。ミンスク合意とは何か。２０１４年春、ロシアがクリミア半島を併合し、ウクライナ国内の親ロシア派武装勢力が同国東部ドネツク州とルハンスク州の大半を占拠して紛争が始まった。同年9月に停戦合意に至ったが破棄され、15年2月、ロシア、ウクライナ、ドイツ、フランスの各国首脳による会談で停戦が合意された。ベラルーシの首都ミンスクでプーチン大統領とウクライナのポロシェンコ大統領（当時）が停戦協定に署名したことから「ミンスク合意」と呼ばれる。合意内容は二つに分かれ、一つは親ロシア派武装勢力の武装解除、つまり武装組織による支配地域と国境管理をウクライナ側に戻すこと。もう一つは、親ロシア派武装勢力による支配地域に「特別な地位」、すなわち事実上の自治権を与えることだった。

〈（2022年）二月二一日にプーチン大統領が打った手とは、「ドネツク人民共和国」と「ルガンスク人民共和国」を国家として承認し、その日の内に協力協定を締結するというものだった。これ以前は、いつでも退ける状態で軍事力の準備を見せて交渉すると、理解することが可能だった。しかし国家承認は取り消すことができず、ウクライナの領土保全のためのミンスク合意の前提を崩すもので、ロシアが現状変更に着手したことが明白となった〉（同前、カッコ内は引用者）

ロシアが二つの「人民共和国」の国家承認に至ったのはウクライナのゼレンスキー

大統領がかたくなに「ミンスク合意」の履行を拒否したからだ。この点を考察の対象外とすることは不当である。さらに山添氏はこう主張する。

〈ロシアに友好的な諸国においても、消耗していくロシアと協力する価値は減少していき、「旧ソ連」と呼ばれた空間でのロシアの求心力も低下するだろう。大多数の国々にとって、ロシアの行動が国際規範や国際経済に大打撃を与えていることは、自らの利益や原則に関係する大きな問題である。ロシアを明白に非難するわけにはいかずに行動が制約される国々もあれば、リスクや損害を引き受けてロシアに打撃を与える措置をとる国々もある。後者にあたる、西欧、北米、日本を含む国々は、二〇一四年より強い団結を示し、ロシアが起こした問題に対処している〉（同前）

このような見通しは、ウクライナが、侵攻してきたロシアに勝利するという「必勝の信念」を前提として語られている。その背後にあるのは、ウクライナと同国を支持・支援する国々とウクライナに侵攻したロシアについて、「民主主義」vs.「権威主義」、あるいは「自由」vs.「独裁」という、肥大化した「価値の体系」に基づく単純な二項対立の図式だ。

しかし、情報分析の段階では価値の要素を極力排除することが必要だ。どのような価値に基づいた政策を組み立てるかは、インテリジェンスではなく、政治の問題と言える。

国益にかなった「サハリン1・2」の残留

さて、日本政府のウクライナ戦争への対応を、「価値の体系」「力の体系」「利益の体系」の三要素で見た場合、どのようなことが言えるだろうか。

「価値の体系」は、今年5月に来日したバイデン米大統領と岸田首相との会談に端的に表れている。

〈ロシアのウクライナ侵攻についてバイデン氏は、「日本はほかのG7各国とともに、プーチン大統領の責任を追及し、民主主義の価値観を守るために取り組み続けている」と評価。岸田氏は「力による一方的な現状変更の試みは、世界のどこであっても、絶対に認められない」と述べた〉(2022年5月23日、朝日新聞デジタル)

日本がアメリカの対ロシア政策を支持していることをバイデン氏は評価している。別の言い方をすれば、日本は対米従属のために、自主性を発揮できていないとも言える。この見方は半分正しく半分正しくない。

確かに、「価値の体系」において、日本は過剰とも言えるくらいアメリカと同一歩調をとっているが、「利益の体系」になると様子が変わってくる。

たとえば、ロシアのウクライナ侵攻後も、G7の中で唯一、ロシア航空機による自国領空の航行を認めているのが日本だ。それによって日本がシベリア経由でヨーロッパへ至る最短航路を確保できている。

さらに、ロシア・サハリン沖の石油・天然ガス開発プロジェクト「サハリン1」「サハリン2」の枠組みに日本は留まる姿勢を崩していない。

「サハリン2」については、6月30日、プーチン大統領が、運営主体の再編を命じる大統領令に署名したことから、枠組みの先行きが見えなくなっているが、形式は変わっても「実」の部分に大きな変化はないと筆者は見ている。8月末、ロシアは三井物産と三菱商事に「サハリン2」の新たな運営会社の株式取得を認める決定をしたので筆者の見通しは間違っていないと思う。

もう一点、金額ベースでは小さいが、ロシア側に入漁料を払ってサケ・マス漁を行う枠組みも残している。このように利益の体系においては、必ずしもアメリカや他のG7諸国に同調しているとは言えない。

ちぐはぐに見える日本政府の姿勢

では、「力の体系」についてはどうなっているか。

ウクライナのゼレンスキー大統領はロシア軍を撃退するために、武器提供を求めている。しかし、最も直接的な力の要求に、日本は応じることができない。2013年、それまでの武器輸出三原則に代わり、国際協調主義に基づく積極的平和主義の立場から、防衛装備移転三原則が定められた。それでも、殺傷能力のある武器をウクライナに供与することはできず、不用品扱いで自衛隊の防弾チョッキを送り、追加で市販品のカメラ付きドローンを送ったにすぎない。

一見、ちぐはぐに見える日本政府の姿勢を筆者は、国益にかなったものと評価する。「利益の体系」と「力の体系」において、国として譲れない一線を引いた日本国家の生き残り本能によるものだと思う。

ウクライナ戦争を伝えるマスメディアの情報の扱いにも注意したほうがよい。メディアに登場する国際政治や軍事の「専門家」と称する人々は、なぜ「価値の体系」しか見えなくなっているのか。その要因として二種類の〝平和ボケ〟があると筆者は見ている。

第一は、日本国憲法前文と9条があるから防衛努力をしなくても日本に平和は保たれている、そう思っている人たちだ。

第二は戦争のリアリティーがわからない人たちだ。ウクライナでは砲撃された人々が死に、飢えに苦しむ人々がいる。死体の焦げるにおいがあたり一面に漂っている。そうした戦争の実態を想像できず、弾の飛んでこない「安全地帯」にいる人たちが、戦争シミュレーションゲームの延長線上のように現実の戦争の話をし、武器や兵器の解説をしている。

むろん私たちは、ウクライナ戦争の直接の当事者ではない。そうであるならば、抑制的にこの戦争について語るべきだと思う。

両国に対しては、即時停戦をすべきであると強く主張したい。

ロシア政府系テレビ番組「グレート・ゲーム」

情報戦という側面からも、日本のマスメディアのほとんどが米ABCやCNN、英BBCなど欧米メディアの伝えたことを報じることが多い。独自取材による一次情報ではなく欧米メディアからの二次情報だ。

しかし、ロシアメディア、それも政府系テレビ番組を情報源として活用することはない。〝ウクライナを応援すべき〟という価値の体系が肥大しており、ロシアの番組は情報操作が行われていて意味がないと思っているためチェックさえしていないのだと思う。

ロシア革命の指導者だったレーニンは、その著作『何をなすべきか』の中で、情報戦略の方法について述べている。宣伝（プロパガンダ）と煽動（アジテーション）を方法と内容において区別するというのがその要諦だ。宣伝は、政策意思を形成するエリートを対象とし、活字媒体を用いて理詰めに行う。対して煽動は一般大衆向けで、音声により、感情を煽《あお》り立てるようにして行う。このレーニン型情報戦略を、ロシアはウクライナ戦争においても継承している。

宣伝の範疇に属するのが「第1チャンネル」（政府系）の「グレート・ゲーム（ボリシャヤ・イグラー）」で不定期に放映する政治討論番組だ。2月24日にロシアがウクライナに侵攻した後は、「グレート・ゲーム」は、クレムリン（大統領府）が諸外国にシグナルを送る機能を果たしている（5章で詳述）。

たとえば6月6日（モスクワ時間）に放映された内容は情報価値が高い。出演したのは、ドミトリー・スースロフ氏（ロシア高等経済大学教授）、ドミトリー・サイムズ氏（米共和党系シンクタンク「ナショナル・インタレストのためのセンター」所長、ソ連からの移住者で米国籍）、レオニード・レシェトニコフ氏（対外諜報庁中将、前戦略研究センター所長、元対外諜報庁分析局長）の3人だ。とくにサイムズ氏は、ホワイトハウスとクレムリンの双方から信任が厚く、現下の情勢における重要ロビイストだ。

3人は、アメリカのウクライナ戦争に対する政策に表れた変化の兆しをめぐって討論している。概略はこうだ。司会役のスースロフ氏が、米バイデン政権の変化について述べる。

〈ドンバス（ウクライナのルハンスク州とドネツク州）の戦闘の進捗《しんちょく》によって米国の政策が変化しているようだ。もちろん米国からウクライナへのロケットシステムを含む武器の供与は続く。400億ドルの包括的支援を変更することもない。しかし、先週来、バイデン政権からウクライナの「勝利」とロシアの戦略的敗北という話が出なくなった。

対して戦闘の「終了」に関する声がよく出てくるようになった。少なくとも交渉による紛争の凍結について言及がなされるようになった。バイデン大統領自身が、紛争はロシアの敗北によってではなく、交渉によって解決されなくてはならないと、最近、「ニューヨーク・タイムズ」で述べた〉（翻訳は筆者、以下同）

ワシントンの政策は本当に変化しているのかとスースロフ氏はサイムズ氏に見解を

求める。

サイムズ氏は、変化が起きていることは事実だが、それが本質的な変化なのかどうかは今後の推移を見守る必要があるとして、二つの注視すべき点を挙げる。

〈第1の要因は、戦局が変化してきたことだ。残念ながら、現時点では、西側連合の交渉スタンスとの関連では、この要因が決定的に重要だ。

第2の要因は、米国の世論調査の結果だ。メディアでは有識者たちが、ロシアとの紛争に関して、より抑制的な対応ができるのではないかと議論している。これはバイデン大統領と民主党に好感を持つ人々だ。この人たちは、ドナルド・トランプ前大統領をとても恐れている。この人たちは世論調査の結果を見ている。米国の有権者の中でウクライナ戦争というテーマが優先度を持っていると考える人は3％だ。当初、バイデン氏は自らを勝者のように見せていた。

しかし、米国人の主要な利害関心はインフレだ。インフレによって米社会が破壊されている。商品が不足している。米国の国境を防衛する資金がない。米国の有権者にとって、またバイデン大統領や民主党を支持する人たちにとっても、ウクライナに提

供する400億ドルは、関与しすぎだと見なされている。それによって米国内の利益が毀損されている〉（同前）

バイデン政権は、ウクライナが自国領からロシア軍を撤退させる形での勝利が見込めなくなったと認識し始めている、そして、米国世論にウクライナへの「支援疲れ」が表れていることをサイムズ氏が指摘し、それを受けてスースロフ氏は2022年秋に行われる中間選挙にも影響すると述べる。

〈内政的に戦争が長引くことが、11月の中間選挙を前にしたバイデン氏個人にとって好ましいことではなくなっている。米国内でバイデン氏は左右両方から攻撃されている。

共和党支持者、特にトランプ支持者たちは巨額の資金をウクライナに提供することを支持していない。メキシコとの国境警備の予算が不足している、子ども用食品や他の商品も不足していると批判している。

左からも攻撃されている。例えば、マサチューセッツ州選出のエリザベス・ウォーレン上院議員（民主党）だ。大統領候補になったこともあるウォーレン氏は、国防総省が400億ドルの対ウクライナ支援について議会で報告し、それが認められなければ、これ以上の予算を支出しないという法案を提出した。

〈今後の予測シナリオの〉第2ヴァージョンは、ロシアが決定的な勝利を収めて、ドニエプル川よりも先に進んでくるというものだ。これはバイデン政権に破滅的影響を及ぼす。当然、バイデン政権としては現時点での解決を図る。米国の評価が変化し、それが政策の変更につながる〉（同前）

「ロシアを孤立させることは難しい」

興味深いのが、インテリジェンス専門のレシェトニコフ氏が、国際社会におけるロシアとアメリカの立ち位置に変動が起きる可能性に言及している点だ。

〈ウクライナ問題で米国が抑制的態度をとるのは、一部の地域をウクライナに留《とど》めるためではなく、米国や英国の一部の人々が述べているようにロシアが制裁や孤立に耐えられなくなると考えているからだ。最近、イタリアのベルルスコーニ元首相が「西側が残りの世界から孤立している」と述べた。ロシアを孤立させることは難しい。欧米以外の地域で米国が孤立する可能性がある。ところでロシアのヨーロッパに対する利害関心は消滅しない。ドイツ、フランス、さらに他の隣国からもロシアが孤立することにはならないと思う〉（同前）

「グレート・ゲーム」での討論から、この戦争の直接的な当事者ではない私たちは何を読み取ればよいのか。

ウクライナ戦争が可視化したのは、グローバル化の進展で各国の利益と力の体系が複雑に絡み合っていることだ。たとえ対立的関係にある国同士であってもすべての取り引きを簡単に解消できるものではなく、同時に、同盟関係にある国同士でも完全に利害が一致するわけではない。そのことが近未来に国際秩序の変更が起きる可能性を示している。

あるいは、レシェトニコフ氏が「米国が孤立」することを指摘したように、自由民主主義を「普遍の価値」とする西側社会における自己認識が崩壊する可能性を示している。

警戒すべきは「価値観の肥大化」

「グレート・ゲーム」がクレムリンの宣伝だとしても、「価値の体系」が肥大化した日本のマスメディアの情報に染まった頭に、新たな視点を与えてくれる。

かつて日本は、太平洋戦争に突入すると英語を敵性語として排除する傾向を一層強めた。英語教育そのものは廃止されなかったが、アメリカが日本の内在論理を研究し、その成果を『菊と刀』（ルース・ベネディクト）として発表した。また、沖縄戦の前に、その後の沖縄統治を見据えた『琉球列島に関する民事ハンドブック』を作成したようには、敵国研究を行っていなかった。

それと同様の構造が、ウクライナ戦争でも起きている。とりわけマスメディアがロシアから発信される情報をまじめに分析しようとしていない。私たちは価値観の肥大化を警戒すべきだと思う。

なぜならば、肥大した価値観のためにおびただしい犠牲者を出した太平洋戦争を経験しているからだ。

そして、未来において私たちが紛争や戦争の当事者にならないとも限らない。そのときに道を誤らないためにも、ウクライナ情勢を価値に流されず、多面的に見るよう努めるべきと思う。

第2章　「強いロシア」にかけた安倍外交

自国の利益のために何が最適か

プーチン大統領からの弔電

2022年7月8日、銃撃されて亡くなった安倍晋三元首相の妻・昭恵氏、母・洋子氏に宛てた、プーチン大統領からの弔電が話題になった。その冒頭は次のようにつづられている。

〈尊敬する安倍洋子様

尊敬する安倍昭恵様

あなたがたの御子息、夫である安倍晋三氏の御逝去に対して深甚なる弔意を表明いたします〉

安倍氏の死去が発表されて間もないタイミングで送られた弔電は次のように続く。

〈犯罪者の手によって、日本政府を長期間率いて日ロ国家間の善隣関係の発展に多くの業績を残した、傑出した政治家の命が奪われました。私は晋三と定期的に接触していました。そこでは安倍氏の素晴らしい個人的ならびに専門家的資質が開花していました。この素晴らしい人物についての記憶は、彼を知る全ての人の心に永遠に残るでしょう。

尊敬の気持ちを込めて　ウラジーミル・プーチン〉（筆者訳）

プーチン大統領はKGBという情報機関出身者らしく、さまざまな情報・報告を収集し吸収することを重視する一方、それらの情報をどのように政策に反映させるのか明かすことはない。冷徹さが特徴と言える。もちろん自身の感情を文章に表すことはほとんどない。

ところがこの弔電の文面は儀礼の域を超えたものだ。安倍元首相に心の底から親愛の情を抱いていたのだと感じさせる。なぜ安倍氏は、現在のロシアの権力構造に照らせば国家を体現しているともいえるプーチン氏にそこまで踏み込んだ弔電を打たせることができたのか。その点を考えることで、ロシアという国家はどのような論理で動くのか、ロシア的思考が見えてくるように思う。

まず、安倍元首相の対ロ外交＝北方領土交渉の特徴を確認する。安倍氏は首相在任中、プーチン大統領と27回もの首脳会談を重ねた。２０１２年12月、衆院選挙で勝利した自民党は総裁の安倍氏が首相に就任した。対ロ外交をライフワークとする鈴木宗男氏（現・参議院議員）が語るところによれば、安倍氏がロシアとの交渉に本気で取り組むことを決意したのは２０１５年頃だと思われる。

〈15年12月28日のことだ。

首相官邸で約1時間会った。

安倍氏は30分ほど熱弁をふるうと、「来年から日ロ（交渉）をやりたい」と思いを告げた。

「私は『最善を尽くして協力します』と約束した」と鈴木氏は振り返る〉（朝日新聞デジタル、２０２２年7月13日）

安倍氏の北方領土交渉への姿勢について鈴木氏は次のように回想する。

〈01年の森喜朗首相とプーチン大統領が出した「イルクーツク声明」をベースに交渉を進めたい、という考えでした。この声明は１９５６年の「日ソ共同宣言」を平和条約交渉の出発点に設定することを確認した文書です。森・プーチン首脳会談には私も同席しています。会談で日本は「歯舞、色丹の引き渡し」と「国後、択捉の帰属問

題」に分けて話し合う「同時並行協議」を提案しました〉（朝日新聞デジタル、２０２１年7月20日）

国後島、択捉島、歯舞群島、色丹島はソ連によって、日本のポツダム宣言受諾後の１９４５年8月28日から9月5日にかけて占領された。１９５１年に調印されたサンフランシスコ平和条約で日本は独立を回復し、国際社会に復帰した。この条約で日本は国後島、択捉島を含む千島列島、南樺太に対する「権利、権原（法律的、事実的な行為をすることを正当とする法律上の原因）、請求権」を放棄した。

その一方で、すでに冷戦は始まり、ソ連はサンフランシスコ平和条約に署名しなかったため、ソ連には「いかなる権利、権原、請求権」も認められなかった。そもそも日ソ間で平和条約を結べなかったわけだから、法律上は戦争状態が続いていたことになる。そのため日本は、１９５５年からソ連との間で平和条約締結交渉を開始した。

しかし、日本側にはシベリア抑留者の問題、漁業問題、ソ連の反対により国連加盟ができないことなど不利な材料が多く、返還交渉は容易には進まなかった。こうした悪条件の中、ようやく漕ぎつけたのが１９５６年10月の「日ソ共同宣言」だった。領土問題に関しては、平和条約締結後、歯舞群島、色丹島のソ連から日本への引き渡しを明記することができた。この宣言が発効する日をもって日本とソ連との戦争状態が終わり、国交が回復されることになった。

日ソ共同宣言での、歯舞群島、色丹島の引き渡しについての条項は次のとおりだ。

〈日本国及びソヴィエト社会主義共和国連邦は、両国間に正常な外交関係が回復された後、平和条約の締結に関する交渉を継続することに同意する。

ソヴィエト社会主義共和国連邦は、日本国の要望にこたえかつ日本国の利益を考慮して、歯舞群島及び色丹島を日本国に引き渡すことに同意する。ただし、これらの諸島は、日本国とソヴィエト社会主義共和国連邦との間の平和条約が締結された後に現実に引き渡されるものとする〉

「イルクーツク声明」の二つの読み方

先に見たとおり、安倍氏は2001年の「イルクーツク声明」を北方領土交渉のべースにしたいと鈴木氏に語った。この声明では、日ロ両国によって「日ソ共同宣言」の法的な有効性が確認されている。この声明は次のようなものだ。

〈1956年の日本国とソヴィエト社会主義共和国連邦との共同宣言が、両国間の外交関係の回復後の平和条約締結に関する交渉プロセスの出発点を設定した基本的な法的文書であることを確認した。

その上で、1993年の日露関係に関する東京宣言に基づき、択捉島、国後島、色丹島及び歯舞群島の帰属に関する問題を解決することにより、平和条約を締結し、もって両国間の関係を完全に正常化するため、今後の交渉を促進することで合意した〉

この声明の論理は二つに整理できる。一つは、「日ソ共同宣言」が平和条約締結交渉の基本文書であるため、平和条約締結後にロシアが日本に歯舞群島、色丹島を引き渡すという約束はいまも生きていること。もう一つは、領土問題とは、択捉島、国後島、歯舞群島、色丹島が日本とロシアのどちらに帰属するのかを決めること。この帰属問題を解決した後に平和条約を締結する。この2点から交渉の道筋を導くことができる。

歯舞群島、色丹島の扱いは「日ソ共同宣言」において、平和条約締結後ロシアに引き渡し義務が課されているのだから、残る択捉島、国後島の帰属問題については首脳交渉で解決すればよい。これが、安倍氏の北方領土交渉にあたっての基本姿勢だった。

最も有利で合理的な選択肢

2016年12月、山口県長門市で日ロ首脳会談が行われた。安倍氏の地元であり、名門温泉旅館にプーチン大統領を招いての会談とあって、事前の報道も〝成果〟を期待して盛り上がっていた。しかし、会談後の共同声明で平和条約についての言及がなかったことから、日本メディアや識者らの評価は厳しいものとなった。

しかし、この会談について私はむしろ成功したと捉えている。両国とも目標を達成したからだ。形式的にも実質的にも領土問題と経済協力を含む重要事項について交渉できる環境を整えることができたのだ。会談で安倍氏はプーチン大統領に元島民の手紙を渡した。中にはロシア語で書かれた手紙もあった。翌日の共同記者会見でプーチン氏は次のように述べた。

〈昨日、非常に感動的な元島民の方々のお手紙を読ませていただきました（中略）、このように領土をめぐる（主張を繰り返す）「歴史のピンポン」（中略）はもうやめた方がよい〉（産経ニュース、2016年12月16日）

プーチン大統領は会見で、江戸時代に結ばれた日露通好条約（1855年）以来の、千島列島、樺太をめぐる両国の交渉史にも言及している。そのうえで北方領土問題解決に向けた意思表示を行っている。さらに安倍氏が提案した歯舞群島、色丹島、国後島、択捉島で日ロ双方の法的立場を損ねない形での経済協力を行うことについても、プーチン大統領は「（提案を実現することによって）平和条約問題を解決する条件をつくり上げていく。私の意見では、平和条約の締結が一番大事だ」と述べている。

それから約2年後の2018年11月、シンガポールで行われた日ロ首脳会談では、56年の日ソ共同宣言を基礎に平和条約締結へ向けて交渉を加速させることで合意した。ところが主要メディアはシンガポールでの日ロ首脳会談を批判的に報じた。〈首相『2島先行返還』軸に日ロ交渉へ　4島一括から転換〉（朝日新聞デジタル、18年11月15日）、〈北方領土交渉『56年宣言』基礎は危うい　四島返還の原則を揺るがすな〉（産経ニュース、18年11月16日)。

全国紙に共通していたのは政府が「4島返還から2島先行へ」立場を変えたという認識だった。しかし、これらの報道は正確でなかった。安倍氏は「2島先行返還」ではなく「2島返還」に舵を切ったのだった。メディアの4島返還を前提とした批判は、1993年の「東京宣言」に基づいている。この宣言に〈択捉島、国後島、色丹島及び歯舞群島の帰属に関する問題について真剣な交渉を行った〉との一文があることから、4島返還への道筋がつけられたように受け止められている。しかしそれは誤解だ。4島の帰属について、日本4―ロシア0、日本3―ロシア1、日本2―ロシア2、日本1―ロシア3、日本0―ロシア4という5通りの組み合わせが成り立つ。どの組み合わせでも日ロ両国が合意すれば平和条約が締結できる。

日本にとって最も有利で合理的な選択肢は、平和条約締結後に歯舞群島と色丹島の引き渡しを約束した「日ソ共同宣言」を基礎とした交渉を展開することだ。ロシア側にも「日ソ共同宣言」を交渉の起点としない理由はない。日ロ交渉を開始するにあたり、安倍氏が採った路線は理に適っていたのだ。

その北方領土交渉は、単に日ロ2カ国間の問題ではない。当時、北東アジアの国家間枠組みが変わる兆しがあった。アメリカに「自国第一」のトランプ政権が誕生したことだ。

トランプ大統領が北朝鮮の金正恩・朝鮮労働党委員長（当時）と電撃的に会談し、朝鮮戦争の法的終結の可能性が出てきた。そうなれば朝鮮国連軍が解体され、在韓米軍が撤退することになる。その結果、朝鮮半島での南北統一は実現しないまでも、中国と韓国の間にあった北朝鮮は緩衝地帯という存在意義が希薄化する。歴史的文脈から、韓国は〝大中華圏〟に引き込まれ、いずれ北東アジアは、中国、北朝鮮、韓国 vs. 日本という枠組みが構築される可能性があった。

日ロの国益が合致した6者協議

一方、そうした状況にある日本と利害の一致する国も出てくる。ロシアがそうだ。ソ連時代、日本人のシベリア抑留について日ソは互いに請求権を放棄している。もし日本の最高裁が個人請求権を認め、抑留者やその遺族が補償金を支払えとロシア政府に迫ったら、例えば、ドイツ人捕虜の問題も連鎖して生じかねない。過去を問われることを嫌うロシアは、日本と利益が共通している。

さらに当時、米朝関係が動いたことで朝鮮半島をめぐる秩序の再編が進み、朝鮮半島の非核化や安全保障を話し合う日本、アメリカ、ロシア、中国、韓国、北朝鮮の6者協議から日本とロシアが外された。この点に関しても日ロの国益が合致していた。つまり安倍氏は、いずれ北東アジアで形成される可能性が高い〝大中華圏〟と日本が対峙することも見据え、北方領土問題を解決することでロシアとの連携強化を図ろうとしていたのだ。戦略的な対ロ外交を展開していたと言える。

ロシア政治エリートが安倍氏を評価した理由

このような安倍外交を、ロシアの政治エリートはどのように評価しているのか。

安倍氏が亡くなった当日夜に放映された政治討論番組「グレート・ゲーム（ボリシ

ャヤ・イグラー）では、出演者が安倍氏と安倍外交について言及した。

前章でも述べたように「グレート・ゲーム」は、ロシア政府系放送局「第1チャンネル」が制作する番組で、政府がシグナルを送る機能を果たしている。この日の出演者は、ヴャチェスラフ・ニコノフ氏（国家院［下院］議員、ヴャチェスラフ・モロトフ元ソ連外相の孫）、イワン・サフランチューク氏（モスクワ国際関係大学ユーラシア研究センター所長）らだった。

ニコノフ氏はゴルバチョフ・ソ連共産党書記長のペレストロイカ政策、エリツィン・ロシア大統領の改革政策を積極的に支持した知識人であるが、現在はプーチン大統領のウクライナ侵攻を正当化する論陣を張っている。

彼らの評価からプーチン大統領が親愛の情を隠さない弔電を送った理由を垣間見ることができる。

番組では、ニコノフ氏が、安倍氏の死についての経緯と、生前の業績に触れた後、次のように述べた。

〈安倍氏は日本では珍しい自立した政治家だった。

私は首相になる前の安倍氏と会ったことがある。当時、年2回、ロ日間の副次的チャネルでの対話が少なくとも年2回行われており、私もメンバーだった。安倍氏がそれに参加したことがある。

安倍氏は独自の思考をしていた。日本の知識人と政治家は、しばしば米国の立場を自分の見解のように述べる。

しかし、安倍氏はそうではなく、自らの理念を持っていた。もちろん安倍氏は反米ではなかったし、親ロシアでもなかった。偉大な政治家として独自の行動をした。現実としてもロシアと日本の関係発展のために重要な役割を果たした。

プーチン大統領が安倍氏の母親と妻に感情のこもった哀悼の意を表明したのも偶然ではない。実に偉大な政治家で日本の歴史に道標を残した〉（「グレート・ゲーム」、筆者訳）

日本の独立性を確保

安倍氏が独自の理念を持ち、日本の他の政治家のように米国の代弁者的な振る舞いをする人物ではなかったと評価している点に注目してほしい。サフランチューク氏は、日本の対ロ外交を安倍氏以前と以後に分けて述べる。

〈私にとって安倍氏は以下の点で重要だ。日本は長い間、米国によって設定された地政学的状況を受け入れていた。対して、安倍氏は現代世界において、特にアジア太平洋地域において日本の場所を見出そうとした。安倍氏は米国との同盟関係を維持しつつ、日本の独立性を確保しようとした。

安倍氏のロシアに対する姿勢は非常に興味深かった。

安倍氏が権力の座に就くまでの20年間、日本はロシアの弱さに最大限につけ込もうとした。この時期、日本は親西側的外交を主導した。この論者はすべての分野でロシアの弱点につけ込もうとした。日本は際限なく提起するクリル諸島（北方領土に対するロシア側の呼称）問題を解決することができず、そのため日本には不満がたまっていた〉（同前）

「ロシアの弱さ」につけ込まず「強いロシア」と共存する

〈米国によって設定された地政学的状況を受け入れていた〉とは、東西冷戦期、日本列島は北東アジアにおける、共産主義勢力に対する防波堤の役割を果たしていたことを指す。日本の政治エリートのソ連観もイデオロギー対立に加え、地政学的状況にも拘束されていた。やがて東西冷戦が終結し、ソ連崩壊によって誕生したばかりの、国家としては弱かったロシアを援助することで北方領土問題を解決しようとしたのが、橋本龍太郎、小渕恵三、森喜朗と続く政権だった。

当時の北方領土交渉は「日ソ共同宣言」に基づいて進められていた。しかし、この流れは小泉純一郎政権の誕生によって断たれてしまう。サフランチューク氏の言う〈ロシアの弱さに最大限につけ込〉む外交を日本は展開した。当然、北方領土交渉は動かなかった。

民主党政権を経て、安倍氏が首相に就任した頃のロシアは、ソ連崩壊直後の弱いロシアではなく、資源輸出大国として力をつけていた。安倍氏は対ロ外交を大きく転換させた。それをサフランチューク氏は次のように解釈する。

〈安倍氏はロシアが強くなることに賭けた。強いロシアと合意し、協力関係を構築する。アジア太平洋地域においてもロシアを強くする。それが日本にとって歓迎すべきことだ。地域的規模であるが、アジア太平洋地域において多極的世界を構築する。ロシアの弱さにつけ込むという賭けではなく、ロシアの力を利用し、強いロシアと日本が共存する正常な関係を構築することだ。これが、安倍が進めようとしていた重要な政策だ。

（2014年に）クリミアがロシアの版図に戻ったとき、日本では再び西側諸国のロシアに対する圧力を背景に、ロシアが日本に対して何らかの譲歩をするのではないかという発想が出てきた。

私の考えでは、安倍氏は賢明な政策をとり、西側諸国の単純なゲームが成り立たないことを理解し、ロシアの戦術的弱点につけ込むという選択をしなかった。そして、ロシアと長期的で体系的な関係を構築しようとした〉（同前）

欧米諸国にとってロシアは基本的な価値を共有できない国であり、強くなれば脅威の側面がせり出してくる。

しかし、日本の場合は事情が異なる。

自国の「価値の体系」「利益の体系」「力の体系」、そして北東アジアの地政学的状況を長い目で見るならば、強いロシアとの関係強化を進めたほうが国益に適う。したがって、すべてのケースで欧米諸国と歩調を合わせる必要はない。安倍氏はそれを行動で示した——サフランチューク氏はそう言いたいのだろう。

反米でも親ロでもない安倍流国家主義

2氏の話は、追悼の意という趣旨を差し引いても、安倍氏を政治家として高く評価している。それは次の2点に集約される。

一つは、「日米同盟の枠内で日本の独立性を確保しようと試みた政治家だった」ことだ。

2016年の日ロ首脳会談後の共同記者会見でプーチン大統領は「日本と米国との関係は特別です。日本と米国との間には日米安全保障条約が存在しており、日本は決められた責務を負っています。この日米関係はどうなるのか、私たちにはわかりません」と述べた。

つまり、平和条約の締結後、日本領となった歯舞群島、色丹島に、安保条約に基づいて米軍が展開する可能性を示唆した。公の場で安倍氏に対してこの懸念にどう応じるのか、大きな問いを突きつけたことになる。

ロシアにとって、ウクライナ戦争の一因であるNATO東方拡大と構造的には同じ安全保障上の危険が生じることになる。安倍氏による北方領土交渉は未完に終わったが、その問いに対する回答を真摯に探っていたのではないだろうか。

2020年、アメリカからの購入が決まっていた迎撃ミサイル防衛システム「イージス・アショア」配備が中止された。当時、河野太郎防衛大臣が決定したかのように報じられたが、安倍氏の了承があったことは間違いない。

中止理由として、迎撃ミサイル発射時に周辺民家の安全が担保できないこと、イージスアショアの発射コストが膨大過ぎることが挙げられた。

その代替の一つとして、日本は国内で戦闘機から発射するスタンド・オフ・ミサイルの長射程化を進め、三菱重工が開発している。これも日米同盟の枠内で模索された安倍流の国家主義だと言える。

ロシアに対するシグナルにもなったと思う。

日本にとっての不安定要因が増す

安倍氏をロシア政治エリートが評価するもう一つは、「安倍外交には、アジア太平洋地域においてロシアに一定の影響力を発揮させ、強いロシアと結ぶことで、この地域での日本の地位を担保しようとする戦略性があった」点だ。

アメリカが進めてきたロシアの台頭を抑える政策に日本も加担し、ロシアを中国に接近させてしまうほうが、日本にとって不安定要因が増すことになる。強い国同士が安定的な関係を築いたほうが、地域的な問題が解決しやすくなると考えていたのだ。

ウクライナ戦争が起きた現在、岸田文雄政権の対ロ政策は、ロシア側にどう映っているのか。

サフランチューク氏は、日本が欧米との連携を強めており、「安倍氏の遺産は遠ざけられている」と言う。しかし、現在のような欧米の価値観に歩調を合わせた外交はいつまでも続けられないと見ている。

〈日本が世界の中で独立して生きていかなくてはならず、どのようにアジア太平洋地域の強国との関係を構築し、強いロシアと共生していくかという考え方は、日本の社会とエリートの間で維持される。いずれかの時点で日本はこの路線に戻ると私は見ている。なぜならそれ以外の選択肢がないからだ〉(同前)

活用せざるを得なくなる安倍氏の外交遺産

日本が安倍外交路線に戻るかどうかは、ウクライナ戦争の帰結に左右される。

ロシアがウクライナ戦争で一定の成果を得た場合、アメリカは実質的な敗北を喫する。バイデン大統領は、ただでさえ低い支持率をさらに低下させ、次期大統領選挙で政権交代が起きる可能性も排除できない。政権が変わったときにアメリカの対ロ外交の論理は転換するだろう。

「価値の体系」が肥大化した西側の外交が行き詰まったとき、日本は、「価値の体系」「利益の体系」「力の体系」の三つの体系をうまく操ってきた安倍氏の外交遺産を活用せざるを得なくなるとロシア側は見ている。

ニコノフ氏が、安倍氏のことを反米でも親ロシアでもないと認識していたように、自国の利益のために何が最適かを模索する愛国者で、かつ、交渉相手国の利益にもつながる戦略的思考ができ、リアリズムに徹した対話可能な外交ができる政治家——ロシアの政治エリートが安倍氏を尊敬し、信用した理由である。

第3章　歴史で見るウクライナ戦争

「ガリツィア」と「東ウクライナ」が表象するもの

踏みにじられた「第二ミンスク合意」

2022年2月24日、ロシアによるウクライナ侵攻直前、プーチン大統領は国民向けテレビ演説を行った。ロシアの行為の正当性を述べたもので、その一節を紹介する。演説内容にあわせ、ソ連崩壊後のウクライナをめぐる情勢も確認していこう。

〈2014年にウクライナでクーデターを起こした勢力が権力を乗っ取り、お飾りの選挙手続きによってそれを（訳注：権力を）維持し、紛争の平和的解決を完全に拒否したのを、私たちは目にした。

8年間、終わりの見えない長い8年もの間、私たちは、事態が平和的・政治的手段によって解決されるよう、あらゆる手を尽くしてきた〉（NHK国際ニュースナビ　2022年3月4日　以下同）

ウクライナは、1991年12月28日に独立を宣言した。ロシアとも、〝西側〟のNATO加盟国ともバランスをとっていく中立政策をとったが、国家に言葉の正しい意味で中立はありえない。政権によって天秤がロシアに傾くこともあれば、EUに傾くこともあった。2010年のウクライナ大統領選挙に勝利したのは、親ロシア派のヤヌコヴィッチ氏だった。2013年、ヤヌコヴィッチ大統領は、ロシアとの関係強化を図り、仮調印済みだったEUとの政治・貿易協定の正式調印を見送った。

これをきっかけに、親EUの野党勢力が反発、ウクライナ各地で反政府デモが起き、国内は騒乱状態に陥った。2014年2月、ウクライナ議会はヤヌコヴィッチ大統領の解任を決議した（ユーロマイダン革命）。ウクライナの混乱が収まりきらない3月、ロシアはクリミア半島を併合した。

同年5月、大統領選挙が行われ、親EU・反ロシア路線をとるポロシェンコ氏が勝利した。ウクライナの大統領任期は5年。2019年の大統領選挙では喜劇俳優出身のゼレンスキー氏が当選。同氏も親EU・反ロシア路線をとり、現在に至っている。

プーチン大統領が言う「紛争」というのは2014年からウクライナ東部ドンバス地域（ドネツク州、ルハンスク州）において親ロシア派武装勢力と政府軍とが戦闘状態にあることを指す。紛争の解決に向け、2014年9月、停戦が合意されたが、遵守されなかった。15年2月、ベラルーシの首都ミンスクで開かれたウクライナ、ロシア、ドイツ、フランスの首脳会談で停戦に合意。第二ミンスク合意と呼ばれる停戦合意書に署名した。停戦を維持するためにロシアはあらゆる努力を行ったというのが、プーチン大統領の言い分だ。ところがそうした努力は一切報われなかったと述べる。

〈すべては徒労に帰した。

先の演説でもすでに述べたように、現地で起きていることを同情の念なくして見ることはできない。

今やもう、そんなことは到底無理だ。

この悪夢を、ロシアしか頼る先がなく、私たちにしか希望を託すことのできない数百万人の住民に対するジェノサイド、これを直ちに止める必要があったのだ。

まさに人々のそうした願望、感情、痛みが、ドンバスの人民共和国を承認する決定を下す主要な動機となった〉

停戦合意にもかかわらず、ウクライナは、ドンバス地域の住民を虐殺し続けている。ロシアを頼みにする同地域の住民の思いを汲み、ウクライナの蛮行を阻止することが、

「ドネツク人民共和国」と「ルガンスク人民共和国」を承認した主な理由だという。

しかも、責任を負うのはウクライナ一国だけではないというのが、プーチン氏の見立てだ。


〈さらに強調しておくべきことがある。

NATO主要諸国は、みずからの目的を達成するために、ウクライナの極右民族主義者やネオナチをあらゆる面で支援している。

彼らは（訳注：民族主義者ら）、クリミアとセバストポリの住民が、自由な選択としてロシアとの再統合を選んだことを決して許さないだろう。

当然、彼らはクリミアに潜り込むだろう。

それこそドンバスと同じように。

戦争を仕掛け、殺すために。

大祖国戦争の際、ヒトラーの片棒を担いだウクライナ民族主義一味の虐殺者たちが、無防備な人々を殺したのと同じように。

彼らは公然と、ロシアの他の数々の領土も狙っていると言っている〉

ウクライナの背後にはNATO（北大西洋条約機構）諸国の存在があると、プーチン大統領は言う。1991年のソ連崩壊時に、NATOは東方に拡大しないとの約束を取り付けたのに、NATOは約束を反故《ほご》にし、徐々に旧ソ連の衛星国を加盟させてきたとプーチン氏は非難する。NATOの狙いは、ロシアを弱体化させることにある。ウクライナのゼレンスキー政権もNATOと同じ目標を追求している。

米英がウクライナのアゾフ大隊をはじめとする、極右勢力やネオナチを支援しているのもその一環で、ロシア領となったクリミアでもドンバス地域と同じような蛮行を行うだろう。ここで、プーチン大統領は、第二次世界大戦の独ソ戦を持ち出し、聞き手にその記憶と現在起きている事態とを重ねるよう促す。

「大祖国戦争の際、ヒトラーの片棒を担いだウクライナ民族主義一味の虐殺者」とは、ナチスドイツ武装親衛隊下の、ウクライナ人で構成されたガリツィア師団や、現在のウクライナで民族独立運動の「英雄」とされるステパン・バンデラと彼に指導された武装民族主義組織を指す。現在、その系譜上にある勢力によってロシアの安全が脅かされているというのだ。

だからこそ、手遅れになる前にこうした勢力と戦うことが必要だとプーチン氏はいう。

〈全体的な状況の流れや、入ってくる情報の分析の結果が示しているのは、ロシアとこうした勢力との衝突が不可避だということだ。（中略）

ドンバスの人民共和国はロシアに助けを求めてきた。

これを受け、国連憲章第7章51条と、ロシア安全保障会議の承認に基づき、また、本年2月22日に連邦議会が批准した、ドネツク人民共和国とルガンスク人民共和国との友好および協力に関する条約を履行するため、特別な軍事作戦を実施する決定を下した。

その目的は、8年間、ウクライナ政府によって虐げられ、ジェノサイドにさらされてきた人々を保護することだ〉

プーチン大統領が「特別な軍事作戦」の正当性を担保する根拠として持ち出した、国連憲章第7章は「平和に対する脅威、平和の破壊及び侵略行為に関する行動」を規定している。ある国家や集団による武力行使が平和を乱す行為であるか、侵略行為であるか否かの認定、その行為への対処方針は、安全保障理事会が決めることになっている。

しかし、この規定には抜け道がある。第51条には「国際連合加盟国に対して武力攻撃が発生した場合には、安全保障理事会が国際の平和及び安全の維持に必要な措置をとるまでの間、個別的又は集団的自衛の固有の権利を害するものではない」とある。すでに敵からの攻撃を受けているのに国連安保理が対応を決定するまで手をこまねいていることは、現実にはあり得ないわけだから、その間の反撃（自衛権の行使）を認めているのだ。

プーチン氏の言い分は、すでにウクライナから攻撃を受けているドネツク、ルガンスク両「人民共和国」との間で結んだ条約に基づき、かつ、国連憲章第51条に従い、集団的自衛権を行使する、ということになる。

〈そしてそのために、私たちはウクライナの非軍事化と非ナチ化を目指していく。また、ロシア国民を含む民間人に対し、数多くの血生臭い犯罪を犯してきた者たちを裁判にかけるつもりだ〉

ロシア＝ソ連が第二次世界大戦で苦戦を強いられながらも打倒したナチスドイツに、NATO／ウクライナ民族主義勢力を重ねたプーチン氏の論法は、ロシア国民には効果的な訴求になった。

「アメリカとその同盟国は弱い」

しかし、ここまで紹介したのは、あくまでもプーチン氏の視点からの話だ。筆者はロシアのウクライナ侵攻は、同国の国家主権と領土の一体性を侵害する国際法に違反する行為と考える。しかしロシアの論理は異なる。

ロシアによるウクライナ侵攻直後から、メディアは戦闘に巻き込まれた民間人が多数犠牲になっていることを伝えた。読者の中には、プーチン大領領が演説で述べた「ウクライナの非軍事化と非ナチ化」、「ジェノサイドからの保護」といったフレーズを聞いて、違和感を覚えた人も多かったのではないだろうか。つまり、プーチンあるいはロシアこそが暴力の行使によってジェノサイドを行うファシスト（ナチ）だと。

これは感情的には素朴で妥当な反応だと思う。
ところが、政界にも影響力のある識者が似たような物言いをするのはどうなのか。典型的なのが、ウクライナ情勢についてNHKのインタビューに応じた、レオン・パネッタ氏の発言だ。パネッタ氏はオバマ政権で国防長官、CIA長官を務めた。

〈プーチン大統領が、ここ数年の間に、アメリカとその同盟国の弱体化を嗅ぎ取ったことに疑いの余地はありません。プーチン氏は弱い者いじめをする乱暴者であり、他者の弱みを利用します。

プーチン氏がクリミア侵攻やシリア、リビアへの介入、そしてアメリカとその選挙システムへの大胆なサイバー攻撃といった攻撃的な行動に向かった背景にあるのは、「アメリカとその同盟国は弱い」という認識だったと私は見ています。

（中略）

プーチン氏は弱い者をいじめる暴君です。ヒトラーと同じです。
ヒトラーは当時、チェコスロバキアやフランスに侵攻し、ヨーロッパを征服しようとしたわけですが、それも軍事力によってでした。ヒトラーが唯一、重く受け止めたのは、自分自身に対して向けられた軍事力でした。

だからアメリカと同盟国は一致して対抗し、ナチスが世界を征服することなど許さないことを明確に示しました〉（NHK国際ニュースナビ　2022年8月17日）

パネッタ氏はプーチン大統領をヒトラーとぴったり重ね合わせている。その根拠は、両者とも「弱い者をいじめる暴君」だからだという。しかし、近現代史をみれば、アメリカ、日本をはじめ「西側」の国々で「弱い者をいじめる暴君」に当てはまらない国を探すほうが難しい。

繰り返しになるが筆者は、ウクライナに侵攻したロシア、あるいはプーチン大統領を擁護するつもりは全くない。それでも、プーチン大統領に、ナチスドイツが行ったような明確な意思と計画に基づく、特定の民族を絶滅させる意思は見当たらない。ロシアの生存圏を確保するためにウクライナを自国領にする意思も見いだせない。ロシアがウクライナに侵攻して半年以上たっているのに、いまだにプーチンをヒトラーになぞらえてウクライナ情勢を語るのは、控えめに言って単純すぎる。

ただ、アメリカと「価値観を同じくする」と認識している国の視聴者に向けたプロパガンダとしてはわかりやすい。

5月10日の朝日新聞社説にもパネッタ氏の発言と似たような構造を見ることができる。

〈ロシアはきのう、先の大戦でナチスドイツに戦勝した記念日を迎えた。77年前、周辺国への領土拡大とユダヤ人の絶滅計画を進めたドイツが降伏した。

欧州を解放した当時のソ連の役割は史実として知られる。しかし、後継者を自任するプーチン氏が始めた今の戦争は、当時のナチスのように隣国の人々を蹂躙（じゅうりん）する暴挙である〉（朝日新聞デジタル　2022年5月10日）

一方で、〈ウクライナ危機の主な原因は、西側諸国、とりわけ米国にある〉と主張するシカゴ大学教授のジョン・ミアシャイマー氏へのインタビューが、日本の大手既存メディアで伝えられることはない。

パネッタ氏の発言とそれを伝えるNHKや朝日新聞の社説からは、ロシアに侵攻されたウクライナは「西側」諸国と価値観を同じくする民主主義国だ。日本もその一員であり、足並みをそろえるべきである。ウクライナに侵攻したロシアはならず者のファシズム国家だ——善悪がはっきりした「価値の体系」の肥大化が見て取れる。価値の体系が肥大化する危険については1章で述べた通りだが、ここでは、識者や有力メディアが、プーチンをヒトラーと等置し、ロシアをファシズムとみなしていることを手がかりに、ウクライナ戦争について歴史の観点からアプローチしてみたい。

プーチンをヒトラーになぞらえたヒラリー

果たしてプーチンが率いるロシアはファシズム国家なのか？

その問いに答えた本がある。『ファシズムとロシア』だ。著者は、フランス出身で米ジョージ・ワシントン大学ヨーロッパ・ロシア・ユーラシア研究所所長のマルレーヌ・ラリュエル氏だ。

ウクライナ戦争が始まる、20年近く前から、ロシアの政治指導者、ロシア国家、ロシア国民に対し、ファシズムのレッテル貼りの動きがあったという。

〈2004年、アメリカ合衆国の元国家安全保障問題担当大統領補佐官のズビグニュー・ブレジンスキーは、プーチンをベニート・ムッソリーニにたとえた最初の人物であった。「ファシズム体制は、民族的偉大さと規律を呼び起こし、真偽は疑わしいながらも栄光ある過去の神話を称揚する。同様に、プーチンはチェーカー（彼の祖父がそのキャリアを始めたレーニンのゲシュタポ）の伝統と、スターリンの戦時中のリーダーシップ、第三のローマの地位を名乗るロシア正教の主張、クレムリンによって統治される巨大な単一のスラヴ国家というスラヴ派の夢を混ぜ合わせようとしている」〉（『ファシズムとロシア』マルレーヌ・ラリュエル、浜由樹子訳　東京堂出版）

この語りは米政界に影響力を持つ人物に引き継がれてゆく。元ＣＩＡ長官のジェームズ・ウールジーは、プーチン政権のロシアが〈大体においてますますファシズムの政府のように振舞っている〉と述べた。２０１４年のロシアによるクリミア併合時、ヒラリー・クリントン国務長官（当時）は、プーチン大統領を第二次世界大戦前夜のヒトラーになぞらえた。〈聞き覚えのあることだとすれば、これはヒトラーがかつて30年代にやったことだ〉（同前）。これは、１９３８年のナチスドイツによるチェコスロバキアのズデーテン地方併合を指すものと思われる。このようなプーチン大統領やロシアをファシズムだとする見解は、アメリカの研究者の間でも広く共有されていった。

すると、先に触れたパネッタ氏の発言や朝日新聞の社説は、素朴な反応ではなく、ロシアに対するこうした見解は、〝常識〟になっているといえる。

著者のラリュエルは、「西側」諸国ではロシアをファシズムとラベリングすることが定着しているが、第二次世界大戦で〈ファシズムを打倒した国でありつつ、同時に、新たに自国でファシズムを誕生させる国であることなど可能なのだろうか?〉と問う。

その問いは、学術的な枠では答えきれず、〈ラベリングはそのまま政治的意味を持つ。ロシアをファシストだと非難することは、ロシアが国際社会から出ていったこと、正統なパートナーとはみなされないこと〉も含意しているという。

「大祖国戦争の記憶」という都合のいい装置

ロシアは自国のことを「反ファシズムの雄」だと認識している。大祖国戦争と呼ばれ、第二次世界大戦で最も多くの犠牲者を出しながら、連合国の中で最も早くナチスドイツの首都ベルリンを陥落させる戦いを完遂させたのが、ソ連だった。

〈「ファシズムとの戦い」は、今日のロシアで依然として重要な位置を占める出来事として理解されている。伝説化され、ロシアの人々を犠牲者でありさらに英雄でもあるという二重の地位に持ち上げつつ、「ファシズムとの戦い」は、勇気と犠牲という至高の人間の価値を具現化している〉(同前)

これが1970年代以来のソ連―ロシアと続く国家の土台になる神話だという。この神話は、ソ連崩壊に伴う混乱期、一時的に後景に退いたが、プーチン政権になって、装いを改めて復活した。

大祖国戦争の記憶はロシアという国家を統合するのに非常に都合のいい装置になっている。

〈第一に、共有される記憶を通じて、現在の社会的コンセンサスを強化するために国家が自由に使える「利用可能な過去」の中の、非常に重要なエピソードである。第二に、社会からほぼ満場一致の同意を受けられ、それゆえに、ともすれば捻《ね》じれかねない、統治するものとされる者の間の暗黙の契約を結ぶことを可能にしてくれる、体制が使える唯一の道具である。第三に、年配の世代から若い世代への記憶の伝達を確かなものとする代替不可能な装置であり、若者を社会化し、集団的連続性の感覚を保持するための重要なツールである〉(同前)

現在のロシア国旗、国歌には、ソ連時代と帝政ロシア時代のシンボルを織り込まれ、第二次世界大戦の戦勝セレモニーを重厚に演出することで国民に絶えず「大祖国戦争の記憶」とその現代的意味を刷り込んでいく。同時に、教育分野においても「大祖国戦争の記憶」は、知的発育段階に応じた語りがなされている。

このようなロシアにおける、自分たちは「反ファシズムの雄」だ、という自己認識を踏まえれば、プーチン大統領がウクライナ侵攻の直前の演説で「私たちはウクライナの非軍事化と非ナチ化を目指していく」と述べたとき、ロシア国民に聞こえてきたメッセージの幅と奥行きは、ファシズムあるいはナチズムという世界観を持つ敵と戦った経験の記憶を持たない、私たちとは全く違ったものだったのだ。

ウクライナ侵攻直後のプーチン大統領の支持率が90%を超えた理由の一端も見えて

くる。

スターリン体制下の大飢饉

「反ファシズムの雄」というロシアの自己認識とは裏腹に、旧ソ連の衛星国やソ連から独立した国では、ソ連―ロシアに対する別の語りが広がっている。

ラリュエルはそれを「記憶をめぐる戦争」と呼ぶ。象徴的なのが次のエピソードだ。〈2005年5月9日、第二次世界大戦終結60周年に、プーチンは重々しく「ファシズムのかたちを取った野蛮に対する文明の勝利」を祝した。その同じ頃、リトアニア大統領のヴァルダス・アダムクスは、対照的に、バルト諸国にとっての1945年5月9日は「スターリンとヒトラーを交換した」日だと述べた〉（同前）

ソ連の軛《くびき》から脱した中・東欧諸国、ソ連から独立した旧共和国にとって、ソ連崩壊はフランシス・フクヤマ氏のいう「歴史の終わり」ではなく「歴史（記憶）修正の始まり」だった。

冷戦期、ファシズムと戦ったことは、ソ連、ヨーロッパ諸国、アメリカが、イデオロギーを超えて共有できる記憶だった。ドイツ一国にホロコーストを含む戦争の責任を負わせることで、各国が同時期に犯した罪を問わずに済むという、都合のいい記憶構造でもあった。

〈しかし、中・東欧の「新しいヨーロッパの国々」にとって、西欧とソヴィエト・ロシアが共有したこの従来型の言説は、自分たちはナチからソ連の支配下に受け渡されたと考えてきたヨーロッパの中央地域の生きた経験を、丸ごと覆い隠すものであった。こうして、新たに表現された中・東欧の記憶は、ソ連を枢軸諸国に対抗する西側諸国の同盟国とみなす西側・ロシアの語りに真っ向から挑んだ〉（同前）

それは、ソ連の社会主義体制をナチスドイツの体制と同じものとみなし、全体主義の犠牲者として自分たちのポジション替えを図るものだった。

〈彼らはショア（ホロコースト）との類比を構築し、ヴィルフリート・イェルゲが言うところの「ナショナル・ホロコースト」を自前で作り上げ、犠牲者の地位と、それに伴う道徳的優位を享受している。共産主義下の国民の苦しみを、ポスト・共産主義時代の新たなアイデンティティとヨーロッパへの帰属意識の根本原理とするべく、彼らは「記憶の専有」戦略を発展させた〉（同前、括弧内は引用者）

ウクライナにおいても、2004年のオレンジ革命後、親EU路線のユシチェンコ政権下で、「記憶の専有」戦略が進んだ。ただ、他の中・東欧諸国とは問題の焦点が異なる。ウクライナは、ソ連邦を構成する共和国の一つで、スターリン体制下の1932年から33年にかけて起きた大飢饉で、約700万から1000万人が餓死した（ホロドモール）。この大飢饉をめぐりウクライナの歴史界は2分されていた。一方は、農業集団化の結果で、ウクライナだけでなくソ連の主要な農産物生産地域にも広がった人災であるという解釈。もう一方は、ウクライナの独立運動を根絶やしにすることを目的にソ連政府が計画したもので、ジェノサイドに分類すべきだという解釈。2006年、ウクライナ議会は、ホロドモールを故意のジェノサイドと認める法を可決し、政治的な決着をつけた。2010年に成立した親ロシアのヤヌコヴィッチ政権では、ホロドモールはウクライナ人だけを標的にしたものではなく、ソ連国民にも及ぶものだったとして希薄化を図った。それでもホロドモールをジェノサイドだとした法を無効化することはできなかった。

中・東欧諸国で先行していたソ連体制とナチスドイツ体制とを等置する動きの中でも特徴的なのは、反ソ連のスタンスが前のめりになるあまり、これらの国々におけるナチ協力者がホロコーストで果たした役割を減ずることになった点だ。

ウクライナでも同様の動きが生じていた。

〈ウクライナでは、ナチ協力者運動の名誉回復は、ロシアへの政治的スタンスの変化に沿って移り変わりながら、さらに曲がりくねった道を辿ってきた。二つの主要な反体制運動、「ウクライナ民族主義者組織」（ＯＵＮ）と「ウクライナ蜂起軍」（ＵＰＡ）、そして彼らの英雄、ステパン・バンデラ（１９０９〜59年）は、アメリカとカナダのウクライナ人ディアスポラや、特にガリツィアからの移民によって自由の戦士として絶えず讃えられてきた。１９９１年末のウクライナ独立の後、バンデラは徐々に国民の英雄として名誉回復を果たした。最初は、何万人もの民間人がソ連の強制収容所に送られた記憶がまだ鮮明な西ウクライナで、それから全国にわたって、そしてオレンジ派の政府によって編纂を委託された新しい歴史教科書の中で〉（同前）

ステパン・バンデラはウクライナの民族独立運動の中で特別の地位を与えられているようだ。そのバンデラは、1941年と44年、ソ連に対抗するため、ナチスドイツに協力している。しかも「純粋なウクライナ人」というナチスの人種イデオロギーにも通じる世界観の持ち主だった。

〈(バンデラは) ナチのジェノサイド政策に沿う強烈な反ユダヤ主義を体現していた。新生ウクライナの歴史叙述では、こうした問題含みの伝記的要素はしばしば無視されるか少なくとも最小化されてきた〉(同前、括弧内は引用者)

2010年、ユシチェンコ政権は、バンデラに対し「ウクライナの英雄」という公式の肩書を贈ったが、〈この栄誉は東ウクライナと海外で憤激を巻き起こし、結局は撤回された〉。

しかし、こうしたナチスドイツ協力者たちの名誉回復の流れは、ユーロマイダン革命以降、むしろ加速している。2015年、当時の教育大臣が、ユーロマイダン革命後の歴史記述を体系化する目的で4つの法案への投票を議会に求めた。ロシアとの関係でそのうちの2つが重要な意味を持っていた。

一つが、OUNとUPAのメンバーたちを「20世紀のウクライナ独立の戦士」とみなすというものだったが、世論からは拒否されている。ふたつめが、「共産主義と国民社会主義（ナチ）の全体主義体制を非難し、そのシンボルのプロパガンダを禁じる」という法案。

〈ソヴィエト体制全体を正式に犯罪化し、あらゆるソ連時代のシンボルを撤去することを命じるもので、違反者は10年以下の禁固刑に処される。一切の開かれた議論もなく採択され、大多数の支持を得ているとも思えないこの非共産党化法は、きわめて論争的である〉（同前）

ウクライナにおける「記憶の専有」の流れで注目したいのが、親西側のオレンジ革命派の政府、ユーロマイダン革命以降の政府がともに、ステパン・バンデラや民族独立運動組織のメンバーを称揚することで、国民の統合を図ろうとしてきたが、必ずしも成功しているとは言い難い点だ。

バンデラはそもそも、どんな人々によって英雄視されていたかを思い出してほしい。北米大陸のウクライナ移民。とりわけカナダ在住のガリツィア（ハーリチナ）出身者だ。反対に、政府が、バンデラを「ウクライナの英雄」と公的に祭り上げようとしたときに、憤激したのは東ウクライナの人々だった。

さらに焦点を絞ろう。「ガリツィア」と、「東ウクライナ」という二つの地域。東ウクライナはドンバス地域と言い換えてもいい。ドネツク州とルハンスク州からなり、現在は人民共和国を名乗っている。親ロシア派武装組織が実効支配し、ウクライナ政府との間で紛争を続けてきた地域だ。

ウクライナの親西側の政権が育んできた反ソ連・民族独立の戦いという「記憶」をめぐり、「ガリツィア」が表象するものと「東ウクライナ」が表象するものの間には大きな分断があると言い換えられる。

ウクライナナショナリズムの発祥地

ここで歴史を遡ってみよう。

10世紀末から11世紀前半にかけて、現在のウクライナのキエフ（キーウ）を首都として、キエフ・ルーシ公国が隆盛を誇っていた。この時期は、ウラジーミル大公とヤロスラフ大公の治世にあたり、ギリシャ正教を国教化し、政治、経済面ともに最盛期を迎えた。ところが、ヤロスラフ大公の死後、諸公間に対立が生じて分裂し、内乱が始まった。1240年にはモンゴルの侵攻により衰退してしまった。

『物語　ウクライナの歴史』の著者・黒川祐次氏によると、キエフ・ルーシの版図の中核部と重なるウクライナは、現在のロシア、ベラルーシ、ウクライナ祖型であり、東スラヴの本家筋だという。

その衰退したキエフ・ルーシに代わって台頭してきたのが「分家筋」のモスクワだった。

〈スラヴの中心はモスクワに移ってしまった。ルーシ（ロシア）という名前さえモスクワに取っていかれたのである。したがって自分たちの土地を表すのにウクライナという名前を新しく作らなければならなかったほどである。歴史の上でもキエフ・ルーシ公国は、ウクライナ人の国というよりは、モスクワを中心とするロシア発祥の国として捉えられるようになった。つまり、モスクワから勃興してきた国が後に大国となり、ロシアと名乗ってキエフ・ルーシを継ぐ正統の国家と称したため、ウクライナの歴史は、「国がない」民族の歴史となったのである〉（『物語　ウクライナの歴史』黒川祐次　中公新書）

帝政ロシア時代、公的にはウクライナという呼称は存在せず、キーウを中心とした地域は小ロシアと呼ばれていた。

1991年、ウクライナは独立した。そこで生じたのは、キエフ・ルーシの正統な後継者は誰なのか？　という問いだ。ロシアは当然、自分たちこそが継承者であり、ウクライナはキエフ・ルーシ衰退後、国を持てなかったのだから、継承しようがないではないか、という認識だ。

〈しかし、ウクライナにとっては、キエフ・ルーシ公国の正統な継承者であるかどうかは、自国が一〇〇〇年前からの栄光の歴史をもつ国か、またはこれまでロシアの一地方であった単なる新興国かどうかという国の格にも関係する重要な問題である〉（同前）

そこでウクライナが、キエフ・ルーシの後継国として持ち出したのが、同公国の地方政権だった、ハーリチ・ヴォルイニ公国だった。この公国があった地域こそ、ウクライナ西部の「ガリツィア」だ。ハーリチ・ヴォルイニ公国の国名のハーリチの英語名がガリツィアだ。キエフ・ルーシ衰退後、約100年存続し、ヴォルイニはリトアニアに、ハーリチはポーランドに併合された。

1772年、ポーランドが分割されると、ガリツィアは、オーストリア領になった。1848年フランス二月革命の衝撃は、ヨーロッパ各地に波紋のように広がり、ガリツィアでも同年、「最高ルテニア評議会」が結成された。ルテニアとはキエフ・ルーシ公国の人々に対するラテン語名で、オーストリア帝国下のルテニア人とロシア帝国下のウクライナ人は同一民族だと主張する、民族主義的政治結社だった。初のウクライナ語の新聞もこの地で発行された。

その後も、さまざまな民族主義団体が結成され、ガリツィアは、ウクライナナショナリズム揺籃の地となったのだ。1890年には、ウクライナの統一・独立を掲げた「ウクライナ急進党」が結成された。ステパン・バンデラも1909年、ガリツィアの地で生まれている。

一方、ロシア帝国の統治下にあったウクライナ東南部は、19世紀末から、急速な工業化が進み、大規模なロシア人の入植が行われ、ロシア化が進んでいった。また、工業の発達による都市化に伴い、ユダヤ人の移住も目立った。工場労働者の人口が増え、この地域はロシアの社会主義革命家から運動の拠点として注目されることになった。

〈こうして、一九世紀末〜二〇世紀初頭においては、ロシア帝国内のウクライナの民族主義運動は低調だったのに比し、オーストリア（一八六七年よりオーストリア・ハンガリー二重帝国となる）の比較的自由の下でハーリチナがウクライナ民族主義の中心になった〉（同前）

この時期、オーストリア領に暮らすウクライナ人農民が苦境から抜け出そうと、アメリカ、カナダへ移民した。ガリツィア、ブコヴィナ、ザカルパチアから合わせて約60万人が北米に渡ったという。時を経て、ステパン・バンデラの英雄伝説は、彼らの間から生まれることになる。

KGBの刺客に暗殺されたバンデラ

オーストリアやロシアの統治下にあった中・東欧、バルト海沿岸の民族に、独立の好機が訪れた。第一次世界大戦とロシア革命による混乱だ。第一次世界大戦では、オーストリアとロシアは敵対したために、オーストリア領のウクライナ人はオーストリア軍に編入され、ロシア領のウクライナ人はロシア軍に編入されることになり、同族相食む戦いを余儀なくされた。

オーストリアのウクライナ人は、ロシアの敗北が、ウクライナの独立への早道だと考え、1914年、「全ウクライナ評議会」を設立。義勇兵を募り、「ウクライナ・シーチ銃兵隊」が結成された。強力な部隊で、オーストリア正規軍に編入されるが、後のウクライナ民族運動組織にもその伝統が引き継がれた。しかし、ロシア軍はオーストリアに侵攻、ガリツィアは占領され、ウクライナ人に激しい弾圧を加え、「全ウクライナ評議会」はウイーンに後退。ガリツィアでの民族独立運動はいったん下火になる。

1917年、ロシアで二月革命が起きると、翌月、キエフに、社会主義政党でありながら民族主義色の強い政務執行機関「中央ラーダ」が設立され、独立を目指した。一方、ロシア化の進んだウクライナ東部のハリコフ（ハルキウ）には、ボリシェビキの指導で労働者・兵士ソビエトが組織された。同年のロシア十月革命でボリシェビキの優位が決定的になり、ソビエト政権が誕生したことで、キエフの情勢が不安定化する。中央ラーダはソビエト政権を認めず、「ウクライナ国民共和国」の樹立を宣言した。その一方で、ボリシェビキは、ハルキウにウクライナ・ソビエト共和国を樹立した。両者は、1917年末から21年末まで内戦を繰り返すことになる。途中、ドイツの介入を招くなど、無秩序状態に陥った。

第一次世界大戦でドイツ、オーストリアが敗北し、ロシアでは社会主義革命が起きた結果、バルト海沿岸のリトアニア、ラトビア、フィンランドなどが独立。中・東欧ではポーランド、チェコスロバキア、ハンガリーなどが独立を果たした。ところが、ウクライナは激しい内戦のため、独立の機を逃したどころか、ソ連、ポーランド、ルーマニア、チェコスロバキアの4国に分割統治されることになった。
民族独立運動が盛んだったガリツィアは、ポーランドの統治下におかれることにな
ったが、その直前の1918年、オーストリア軍の敗色が濃厚になった間隙をついて、
一時的に「西ウクライナ国民共和国」の樹立を宣言した。しかし、この国は8カ月で
潰えてしまう。このような独立闘争の経験を持つガリツィアなど西ウクライナ出身者
は、プラハで「ウクライナ軍事組織」（UVO）を結成し、武装闘争を通じて西ウク
ライナの独立を図ろうとした。その後、ウィーンで「ウクライナ民族主義者組織」
（OUN）に改組し、ポーランド政府要人を狙ったテロを実行した。しかし、指導者
だったエフヴェン・コノヴァレッツが暗殺されると、OUNは、2派に分裂した。そ
のうちの一派をステパン・バンデラが指導した。
1939年9月1日、ナチスドイツがポーランドに侵攻して第二次世界大戦が始ま
った。ソ連もドイツとの密約に基づき、ポーランド東部に侵攻し、ポーランドは解体
された。
その結果、ガリツィアなど西ウクライナはソ連を構成するウクライナ・ソビエト社

会主義共和国に編入された。しかし、1941年6月、ナチスドイツが独ソ不可侵条約を一方的に破ってソ連に侵攻した。西ウクライナでは、ドイツ軍をソ連からの解放軍として歓迎した。ナチスドイツ武装親衛隊の一師団としてウクライナ人からなるガリツィア師団が編成された。

〈当初ドイツ側は、対ソ戦争の道具のひとつとして利用するとの観点からウクライナ民族主義者に若干の宥和的な態度を見せたが、次第に弾圧の方向に向かった。OUNのバンデラ派のヤロスラフ・ステツコ（一九一二～八六）を中心としてドイツ軍の中にウクライナ民族主義者部隊が作られたが、一九四一年六月三〇日彼らはドイツの了解もないままリヴィウでウクライナの独立宣言をした。数日後バンデラとステツコはゲシュタポに逮捕され、ドイツの強制収容所に入れられ、戦争が終わるまで出られなかった〉（同前）

黒川氏のこの記述とは異なり、バンデラとステツコは1944年9月、ナチスドイツによって釈放されて、反ソ武装部隊に加わっている。

指導者は逮捕されても、一九四三年には、バンデラ派のもとに、複数の武装民族主義運動組織が結集（ウクライナ蜂起軍）し、ソ連ともドイツとも戦闘を繰り返した。第二次世界大戦終結後も、ウクライナ蜂起軍は西ウクライナにおいて覇権的な立場を保ち、ソ連はウクライナ蜂起軍の掃討に力を入れた。ウクライナ蜂起軍のソ連に対する抵抗は1950年代まで続いたという。

バンデラは西ドイツでウクライナ独立運動を続けていたが、1959年、KGBの刺客によって暗殺された。

ガリツィア史観

かいつまんでウクライナにおける民族独立運動を振り返った。概観するだけでもわかるのは、2014年以降、ウクライナ政府が注力してきたバンデラの英雄化は、単にバンデラ個人に向けられたものではないことだ。民族独立運動の中心地だったガリツィアの歴史とその民族的価値を――反ユダヤ主義のナチスの協力者だったウクライナ人も少なからずいたことは見ないことにして――バンデラに象徴させているのだ。

これは、ガリツィア史観だと言い換えられる。ウクライナの西に位置する一地方の歴史から民族主義者にとって都合のいいところだけを摘まみ、ウクライナ全体の歴史へと拡大することで国民の統合を図ろうと努めてきた。もっと踏み込んでいえばウクライナ版の皇国史観だと言える。皇国史観とは万世一系の天皇による統治が日本の特徴で他国にはないものだという考え方だ。太平洋戦争への道を誘うイデオロギーとなった。学術的批判に耐える国民の歴史を作るのではなく、19世紀型のナショナリズムの語り方である大きな物語＝神話にしてしまったのだ。つまり、焦点は、この物語を信じるか、信じないかの問題に絞られてしまった。

ところが、先述したように、19世紀末からロシア化が進んだウクライナ東部の人々は、ガリツィアとは歩んできた歴史が違う。ガリツィア史観はとても受け入れられる神話ではない。ウクライナ政府とドンバス地域の対立について、ウクライナの近現代の歴史的経緯と現政権がつくった神話とを比較検討すれば、ドンバス地域の武装勢力は、ロシアと結託してウクライナ政府に楯突く不逞の輩であり、今回のウクライナ戦争の責任の一端は彼らにある、的な単純な捉え方では済まないことがわかるだろう。

ウクライナは確かに独立したが、国民の統合ができないままの30年を過ごしてしまった。『物語　ウクライナの歴史』の著者・黒川氏は、同国の独立は「目出度《めでた》さも中くらい」だという。次のように記している。

〈…全体的に見れば、ソ連が自ら崩壊していくことに便乗した面が強い。したがってレーニンやピウスツキ（ポーランド初代国家主席）、マサリク（チェコスロバキア初代大統領）のような建国の英雄も生まれなかったし、フルシェフスキー（ウクライナ民族運動の指導者）やペトリューラ（ウクライナの民族主義者）のような独立運動を象徴するような人物もいない。また旧体制の中枢にいた者たちが独立派にやすやすと転向したため、旧体制がそのまま独立国家に移行し、看板だけ替わって中身はほとんど変わらない状態となった。これが、何世紀にもわたってウクライナ民族の夢であった独立がやっと達成されたにもかかわらず、「目出度さも中くらい」な独立になった理由であろうかと思われる〉（同前、括弧内は引用者）

だからこそ、ウクライナの歴代政権は、国内の東西にそれぞれ、ロシアに自分のアイデンティティを重ねる人々と、ヨーロッパに自分のアイデンティティを重ねる人を抱え、加えてロシアとヨーロッパの狭間で地政学的にセンシティブな位置づけにあることを自覚し、慎重に、したたかに国家運営をすべきだったのではないか——このように問うこともできる。
　1918年に独立したチェコスロバキアの初代大統領トマーシュ・マサリクは、大国ドイツと国境を接する小民族・小国の生き残りに心を砕いた人物だ。彼は言う。
〈自覚的なチェコ人とスロヴァキア人はみな、大民族や、もっと有利な位置を占めている民族よりも、三倍多くのことを為さなければならないのです。例えば、我が国の教養ある人間は、少なくとも二つの外国語をマスターしなければならない、ということだけでも考えてみてください。——それにはどれだけの時間と労力を要するでしょうか？　しかしまたそれは、単に教養のためだけではなく、諸民族との実際的交流のためにも、どれだけの利益をもたらすでしょうか！（中略）
　真の民族愛は非常に美しいものであり、きちんとした誠実な人間においては自明のことです。それ故、紳士が自分の妻や家族などへの愛を世間に触れ回ったりしないのと同じように、民族愛についてはは多くを語らないものです。真の愛は、守り、献身し、そして主として働くことです。そして民族と国のためのその仕事には、明確で理性的な政治的・文化的綱領が必要です。ただ熱くなって興奮するだけでは足りません。真の愛国心は、大げさな愛国主義者ぶりとは違うのです〉（『マサリクとの対話　哲人大統領の生涯と思想』カレル・チャペック、石川達夫訳　成文社）

ナショナリズムの高揚期、誕生したばかりの国家の民族はいかに振舞うべきか、そして、中身の伴わない声高なナショナリズムが無用な緊張を招く危うさを述べている。それは国家間だけのことではない。マサリクは、多民族国家のありようについて話を続ける。

〈我が国にはかなりの少数民族がいるのであり、それ故に、我々は国家と民族との違いを意識しなければなりません。民族は文化的組織であり、国家は政治的組織です。我々には、民族にとっての課題と、国家にとっての課題があります。もちろん、両者は矛盾してはなりません。この国家を構築したのは我々であり、我々はそれを操作し管理することができなければなりません。我々が共に暮らしている少数民族の人々が、我々の民主主義的共和国の理念に賛同してくれるようにすることが、我々の課題です。

彼らの数と文化からして、我々も彼らも、民主主義的合意を結ぶことが必要です〉（同前）

そのための基本姿勢は何か。マサリクの答えは明快だ。

〈我々が自分にされたくなかったことは、他の人々にもしない、ということです〉（同前）

こうしたマサリクの民族観、国家観を下敷きにすると、チェコスロバキアよりも国家規模が大きいとはいえ、ウクライナの歴代政権は、慎重に、したたかに国家運営をすべきだったのではないか、という問いには妥当性があると思ってもらえるのではないだろうか。

ソ連の犠牲者だったという語り

ところが現実はどうか。ロシアとウクライナは相手の物語化された「記憶」＝シンボルを、ファシストというシンボル化された言葉を使って罵り合い、対立を深めていった。シンボルをめぐる争いに理性的解決はない。

さらに視野を広げ、ヨーロッパとの関係からウクライナ、ロシアを見てみよう。ウクライナはガリツィア史観に依拠して、ロシア・ソ連がウクライナ民族を抑圧してきたという「記憶の専有」を進めてきた。その手法をとることでウクライナは、自分たちはソ連の犠牲者だったという語りをつくることによってEUに加盟し、NATOの一員となった中・東欧諸国という先行者の後を追おうとした。

その結果、ロシアとヨーロッパとの関係はどのような構図になるのか。

〈（ナチスドイツに対する）ソ連の勝利ゆえにロシアには、例えばヨーロッパ情勢に関わる正統性があると認めるか、あるいは（第二次大戦後）ヨーロッパの一部を占領したその役割を悔い改めなかったことを理由に排除されるか、ということである〉（『ファシズムとロシア』、括弧内は引用者）

NATOの東方拡大は、ロシアにとって西側の軍事的脅威がすぐ隣にまで迫ってきたことを意味するが、「記憶」という観点からは、ヨーロッパがロシアを排除する、あるいはロシアをヨーロッパの周縁に追いやることだとも言い換えられる。今回の戦争で、さらにロシアの、ヨーロッパにとっての周縁化が加速するかもしれない。

ウクライナに侵攻した第一義的な非はもちろんロシアにある。しかし、武力行使に至るまでには、中・東欧諸国、そしてウクライナの「記憶」と、プーチン政権の20年で帝政ロシア・ソ連時代のエッセンスを織り交ぜて形成されたロシアの「記憶」という、相容れない後背地同士の衝突が影響を及ぼしていることも見逃してはならない。

「プーチン大統領は欧米と完全に決別する方向にかじを切った」と言うのは、ロシアの外交政策やクレムリンに影響力を持つフョードル・ルキヤノフ氏だ。同氏は、プーチン大統領の8月頃の演説を分析して述べる。

〈特に西側の支配への完全な否定に重点を置いています。これまでもこうした考えはありましたが、今では、一切の反論を許さない断固としたものになりました。

もともとソビエト崩壊後の目標は、西側が主導する世界のシステムに、ロシアの居場所を見つけることでしたが、一連の理由で失敗しました。いまやその目標は存在しないという決定が下されました。

西側社会とは対立、対決状態にあり、ある意味で冷戦当時よりも激しい対立状態にあるといっていいと思います。

今や中国をはじめアジア全体が世界の出来事の中心になりつつあります。ロシアが『西側中心主義』に戻ることはありません〉(NHK国際ニュースナビ　2022年8月26日)

これは、ヨーロッパがロシアを周縁化する動きを続けてきた結果だろう。今後、ヨーロッパのロシアではなく、ユーラシア＝アジアのロシアとして中国への接近を加速させることになるのか。中ロが接近するとすれば、地政学的にも大きな変動が起こり得る。日本を含む北東アジアへの影響も大きい。

日本が北東アジアの周縁に追いやられる可能性

日本は、武器を取って戦うという意味で、今回のウクライナ戦争の直接的な当事国ではない。そんな立ち位置の国で、他国の戦争はどう語り得るのか。

中・東欧、ウクライナで生じている「記憶の専有化」の構造を、北東アジアに当てはめてみたらどうなるだろう。

中国は日中戦争を「屈辱」として歴史教育に織り込み「記憶の専有化」を図り続けている。韓国は、慰安婦問題、戦時徴用工問題という形で植民地時代をシンボライズし、「記憶の専有化」を進めている。こうした「記憶」に対し、日本政府は抑制的な対応をとっているほうだと思うが、何らかの契機で、中国・韓国・北朝鮮の「記憶の専有化」が先鋭化することで、日本が北東アジアの周縁に追いやられる可能性は、ないわけではない。

ウクライナ戦争について積極的な発言を行っている日本の知識人やメディアは、大きな物語を拒否し、物事を相対化して捉えるポストモダンの洗礼を受けている世代に属しているはずだ。そうであるにもかかわらず、ウクライナ側の19世紀型の大きな物語＝ガリツィア史観を鵜呑みにして、ウクライナ必勝を語ってきた有識者の姿勢には疑問を抱かざるを得ない。当事国でないからこそ、ロシアの武力行使は悪であることを述べると同時に、その背後にある多様な視点を提示し、読者、視聴者に、我がこととして受け止めてもらえるような語りが必要なのではないかと思う。

第4章　コメディドラマ『国民の僕《しもべ》』を読み解く

潜在下にあるウクライナ自身の危機感

「大統領になった高校教師」

ウクライナの政治家・公務員の腐敗ランキングは、180カ国中122位（2021年度）。このランキングは、ドイツに本部を置く、非営利団体トランスペアレンシー・インターナショナルが算出する、各国の腐敗認識指数によるものだ。指数99～50が、腐敗が少ないと認識され、0～49が腐敗していると認識される。

もっとも腐敗が少ない国が、デンマーク、ニュージーランド、フィンランドで指数88。ウクライナは指数32。腐敗国家だ。ちなみにロシアは指数29で、136位。こちらも腐敗国家だ。

「クソ政治には（がまんの）限界だ。選挙権はあるが誰に投票する？　よりアホなほうが当選してきた。いつも！　だから何も変わらない。お前も俺も別のクソを選ぶ。あれはクソだが、このクソよりはいい！」

興奮してまくしたてる男。高校の歴史教師だ。彼は、ウクライナ・キエフ周辺と思われる集合住宅に両親と暮らしているバツイチ男だ。校長の命令で、生徒に選挙の投票所を準備させるため突然、授業を中断させられ、キレてしまったのだ。

2015年に公開されたウクライナのTVコメディ『国民の僕《しもべ》』で、この歴史教師・ゴロボロジコを演じたのが、喜劇役者時代のウラジミール・ゼレンスキー氏だ。ゼレンスキー氏演じるゴロボロジコはさらにまくしたてる。

「隠し金で誘うようなクソが役人になる。クソのようなでたらめの強奪！　別の時に別のクソ。皆クソ考えない！　考えないクソだらけだ！

僕が1週間（大統領に）在任したら、証明する。大統領と教師の生活を逆転させる！」

ウクライナ政官界がいかに腐敗しているかを物語る演技。視聴者は自分たちの気持ちを代弁してくれていて、スカッとした気持ちになったことだろう。

このゴロボロジコの〝演説〟は、ある生徒によってスマホで隠し撮りされていた。その動画は、ソーシャルメディアに投稿され、あっという間に拡散していた。

いつもと変わらないある日の朝、ゴロボロジコは、家族にトイレを先に使われ、やっと入ることができた〝個室〟で雑誌を読んでいると、立派な身なりの男が訪ねてきた。

彼はゴロボロジコに向かい、「大統領、初めまして」と、挨拶する。

大統領の補佐役あるいは後見人のようだ。この時点では、名前も肩書も明かされないから、ここでは側近ということにする。ゴロボロジコは、例の動画が〝原因〟で、大統領に当選してしまったのだ。そのまま運転手付きベンツの後部座席に座らされ、大統領府に向かう。途中、ゴロボロジコは今日が借金の返済日であることに気づき、銀行に寄ったが、なぜか借金は帳消しになっていた。車中で側近からバシュロンとパテックはどちらが好きかと問われるが、それが、超高級時計のブランド名だと知らないゴロボロジコは「どちらも読んでいない」と答えた。

側近はさらに問う。

大統領選に出馬するには200万グリブナの申請登録料が必要だ。日本円で約740万円。借金のあるような高校教師に用意できる金額ではない。どのような方法で用意したのかと。登録料は、生徒たちが自発的にクラウドファンディングで集めていた。

出馬の意思のないゴロボロジコに対し、生徒たちは、集まった金を、家を買おうが、大統領選に出ようが使い道は自由だと言って委ねてしまう。曲がったことが嫌いなゴロボロジコは、そのお金で大統領選挙の候補者として登録したのだ。

ところが側近はクラウドファンディングで申請登録料を集めたという話を信じない。

「このベテラン政治家を信じろ。正直なところ、どうやった？」

ゴロボロジコは答える。

「本当にそうだ」

側近は半笑いしながら言葉を返す。

「言いたくないか？」

ゴロボロジコには誰にも教えたくない金蔓がある、と思っているようだ。ウクライナでは、まっとうな手段で選挙資金を調達する候補者はほとんどいないということなのだろうか。この側近は、長年既得権益に浸り、権力の裏側を知る側の人物として描かれる。借金帳消しのエピソードといい、超高級時計のエピソードといい、場面の端々に、特権階級への皮肉が織り込まれている。

ゴロボロジコは大統領府に向かう車中で、側近に就任式の演説内容の相談をしようとすると、そんな「些細なこと」は気にするなと言われ、大統領にとって大切なことは何か、を聞かされる。

「国のトップの大事な脳は本当に大事なことに使いましょう。整理され明瞭な思考と平常心、身だしなみが必要です」

ゴロボロジコは一瞬、納得しかけるが、何かがおかしいという表情で側近の横顔を見つめる。

ゴロボロジコが就任演説の練習をしているところに、リンカーンの幻影が現れる。リンカーンは、自分は庶民の出で大統領職に自信はなかったが、奴隷解放を実現したと言う。ゴロボロジコに「国民を解放しよう」と水を向けた。ゴロボロジコは、ウクライナ国民は奴隷ではないと反論する。するとリンカーンはこう切り返した。

「ウクライナ国民はエリートたちの家やリムジンのため奴隷のように働く」

その言葉に対し、ゴロボロジコは「僕は何を?」と問うが、リンカーンは「君らしく」と答えて姿を消す。ゴロボロジコは、大統領就任式の会場に、タクシーに乗って現れる。スーツは安物。演説はスピーチライターが書いたものに従おうとしたが、すぐに自分の言葉に切り替えた。

「通常こういう場ではいろいろ約束するでしょう。僕はしない。できない。嘘だし。しかし僕は人間として恥じない行動を子どもたちに、親たちに、あなたがたに、ウクライナの皆さんに約束する」

マフィア化したオリガルヒが経済を牛耳る

ウクライナは1991年の独立直後から、ハイパーインフレに見舞われ、経済は低迷し続けてきた。

〈IMF等国際金融機関と協調路線をとって経済改革に着手したが、1998年には国際金融市場低迷の煽りを受け、外貨準備高の減少などの問題に直面。2000年代に入り、経済成長率がプラスに転じ、好調な鉄鋼輸出や内需拡大により高い成長率を実現させたが、2008年夏以降、鉄鋼需要の頭打ちに加え、世界経済・金融危機の影響を受けて株価の下落や外資の流出が始まりウクライナの財政状況が悪化。2010年~2011年、経済は順調に回復。2010年に就任したヤヌコーヴィチ大統領は、IMFから支援を受け、税制改革、年金改革、土地制度改革等、各種経済改革を実施。2012年6月、ポーランドとの共催で欧州サッカー選手権を開催したが、これを契機として道路・空港等のインフラ整備が進められ、これが景気下支えに寄与。しかしながら、同年は主力産業の鉄鋼生産が落ち込み、輸出の減少等からGDP成長率は0・2%の低成長に留まり、2013年には鉄鋼、鉄道等のロシア向け輸出の落ち込みを受け、成長率が0%となった〉(外務省HP)

2014年のユーロマイダン革命をきっかけに、ロシアによるクリミア併合、ドンバス地域での親ロシア派武装勢力との紛争などの影響で貿易、鉱工業生産が著しく悪化。経済成長率は大幅なマイナスに転じた。

〈対外債務や外貨準備高の減少等、財政状況も深刻化したため、同年4月以降、IMF、世銀、EUを始めとする国際金融機関及び欧米諸国等から多くの支援を受けている。2015年3月、IMFは4年間で約175億ドルをウクライナ政府に供与する

ことを盛り込んだ新経済プログラムを承認し、ウクライナ政府は4度の資金を受領して改革を進めた〉（同前）

『国民の僕』シーズン1は、このような経済状況の時期に放映された。ゴロボロジコが臨んだ初閣議で閣僚を紹介されるが、全員が税金を横取りし、私腹を肥やす汚職まみれの人物ばかり。ゴロボロジコは大統領が享受できるさまざまな特権を拒否し、公務員削減、議員定数削減に手をつけ、国会、内閣、大統領府も移転させた。個人的に信頼できる人物を閣僚に指名してチームとしてまとまり、抜本的な改革に乗り出そうとするが……。

ウクライナの経済は事実上、一握りのマフィア化したオリガルヒ（寡占資本家）が仕切っている。ドラマでもオリガルヒと癒着した政治家、官僚がゴロゴロ登場する。エピソードが進む中で、ゴロボロジコの側近は、名前をユーリー・イワノヴィチという、首相であることが明かされる。そのユーリーもまた、ウクライナ独立以来、国を食い物にしてきた側の一人であり、オリガルヒの代理人のようなものだった。

素人集団のゴロボロジコのチームでは、そんな長年にわたって国を動かしてきた政官財の癒着構造を簡単に崩すことはできない。

シーズン2の放映は2017年。IMFは、何の条件もつけずに融資してくれるようなお人よしの国際機関ではない。融資にあたり、当該国の経済政策に厳しい注文をつける。実際のウクライナ経済は、2016年にプラス成長に転じ、EUとの連合協定や年金改革が行われた一方、改革が停滞したままの分野も多かった。そうなればIMFの融資条件も厳しくなる。

ドラマでも、ゴロボロジコがIMFの融資を受けようと悪戦苦闘。ついに、IMF代表に悪態をついてしまう。それがきっかけで政権運営に行き詰まり、ゴロボロジコは大統領を辞任。大統領選挙が行われ、ゴロボロジコも改めて立候補したが、落選。選挙に不正があったことを暗示してシーズン2は閉じる。

シーズン3の冒頭は2049年のウクライナ。財政再建を成し遂げ、G20入りした先進国になっていた。キーウ医科大学では歴史教師が学生に、2019年〜22年の〝ウクライナ危機〟について講義を行っていた――大統領選に敗北したゴロボロジコは未決囚として収監され裁判を待っていた。一方、新大統領スリコフはウクライナそのものを、自分のビジネスの場にし、仲間と利権を分かち合う算段を行っていた。あわせてゴロボロジコが二度と復権しないよう、刑を懲役20年以上にせよと、法曹界に圧力をかけていた。

監獄でゴロボロジコは、先に不正行為で刑に服していた前首相のユーリーと再会し、奇妙なコンビが復活した。大統領のスリコフは、エネルギー供給のロシア依存を脱却するため南アフリカから石炭を輸入することを表明。しかし、それは「大統領が国を私有化」するためのからくりだった。この疑惑は国民の激しい怒りを買い、群衆がマイダン（広場）に集結し政権への抗議行動を繰り広げ、政権は崩壊した。

次に大統領に就任したジャンナは、ポピュリストで実体経済を顧みず、年金と賃金の2割増、光熱費の半減を約束。輪転機をどんどん回して紙幣を増刷。ハイパーインフレで経済は破綻、予算も満足に組めない惨状に陥ってしまい、またも〝マイダン〟が起きた。メディアは市民の伝統行事のひとつに〝マイダン〟が加わったかのようだと伝えた。大統領は非常事態宣言を発したが、かつてのガリツィアの武装民族主義組織、あるいはネオナチを想起させる愛国武装集団がクーデターを起こす。愛国者を自称するリーダーは、スキンヘッドに髭というネオナチを戯画化したような風貌で描かれる。

武装集団はゴロボロジコが収監されている監獄にもやって来て、囚人の選別を始めた。その基準は、名字だった。ウクライナ固有の名字の者は釈放され、ロシア由来の名字の者は処分された。ユーリーは銃殺刑にされることになり、民族主義者に反抗したゴロボロジコはウクライナ名なのに独房に監禁された。ドラマは、ウクライナが抱える問題として、経済的な腐敗に加え、ロシアとの対立、あるいは民族間の分断の存在をも提示する。

国家分裂への潜在的な恐れ

ＥＵは、リーダー不在によるウクライナ情勢の流動化がヨーロッパ諸国に波及することを嫌い、ウクライナに介入。獄中のゴロボロジコを大統領にし、幸運にも銃殺刑を逃れたユーリーがゴロボロジコの補佐役を務めることになった。

大統領府に戻ったゴロボロジコが目にしたのは、28の独立した自治区に分裂したウクライナの地図だった。ユーリーが各自治区について説明していく。ウクライナと名のつくものだけでも、正統ウクライナ、典型ウクライナ、元祖ウクライナ、偉大ウクライナの4つ。東部ドンバス地域のドネツク州とルハンスク州はSSSR（自治共和国自給連合、ウクライナ語でCCCP）と名乗るが、これは明らかにUSSR（ソビエト社会主義共和国連邦、ロシア語、ウクライナ語でCCCP）、つまりロシアへの当てこすりだ。西部のガリツィア王国についてユーリーはゴロボロジコに「説明不要ですね？」と確認する。歴史的経緯を知っていれば、視聴者はここで苦笑する場面だ。

大統領就任式で、ゴロボロジコは、ウクライナ「全土」においてその職責を果たす、と宣誓し、国土の再統一に取り組み始めた。ユーリーは統一に向けて集めた政府のメンバーをゴロボロジコに紹介する。しかし、どいつもこいつも汚職まみれの面々。怒ったゴロボロジコに対し、ユーリーは、彼らの身内は分裂した各自治区でいい仕事についている（甘い汁を吸っている）と言う。「彼らは腐った悪党です。多くをかすめ取り、今後もまた（悪事を）やりますが貴重な人材です。収賄者は収賄者同士うまくやるものです」。つまり、再統一のために使える人材だというのだ。

「困難な時代に国を救うのは、腐った者だとは思いませんか？」。この局面では、一般的な正義や公正さは役に立たず、「不正」こそが「正義」だというのが、ユーリーの言い分だ。

ユーリーとゴロボロジコはキーウに各自治区の指導者を集め、サミットを開く。しかし会議は大混乱。さらに自治区が5つ増えてしまった。ゴロボロジコはユーリーが集めた閣僚を解任し、かつてのチームのメンバーを集めた。財政再建のため、汚職公務員、大臣の不正の証拠を集め、それを刑事事件とした。しかし、彼らを逮捕・告発するのではなく、不正金額に応じて、事件を当人に売りつけることにした。買取りを拒めば懲役刑だ。半年で成果が出始め、法の支配が浸透し始めた。その影響が分裂した自治区の市民を動かし、ウクライナが再統一に向かって動き始めた。経済は回復軌道に乗り、外国に流出していた若い頭脳、労働力も戻ってきた。汚職撲滅、税制改革で外国資本も流入する。

西部のガリツィアと東部のSSSRを除いて、ウクライナは統一を果たす。ゴロボロジコは東西両国の元首を呼んで同席させるが、二人はいがみ合う。SSRの元首はガリツィアの元首に向かって「ふざけるな、ウクライナ野郎め！」とののしり、ガリツィアの元首は「さすがモスクワ野郎」とののしり返す。

場面は2049年のキーウ医科大学での歴史の授業に戻る。教師がガリツィアとSSRの対立の根底にあるものについて述べる。

「あの二国だが、人間の種類から違うとお互い思っていた。同じ人間だと思っていなかった。その考えが思想を支えていた」

コメディドラマだから、かえって、ウクライナ人が潜在的に国家の分裂を真剣に恐れていることがよく伝わってくる。

物語はここから終幕に向かって動き出すが、経済成長は始まったばかりで、ウクライナの債務はまだまだ膨大だということが最後まで強調される。

このドラマからわかるのは、ウクライナ国民は独立以来続く、政官財の腐敗に倦んでいること、そしてその撲滅が大きな課題だということ。国の富が腐敗した支配階級によって私物化されているために、国家財政が破綻状態にあるということだ。ゼレンスキー氏は、ウクライナが抱えている宿痾《しゅくあ》を見事に可視化したと思う。

もう一点、ユーロマイダン革命以降の、ロシア離れと親EU路線がはっきり示されている。『国民の僕』では、ロシアとのつながりがある者は腐敗や国家統合を阻害するものと紐づけられている。一方、EUに対しては、決して手放しの礼賛ではないものの自由と人権、民主主義と紐づけられて描かれる。収監されたゴロボロジコの釈放を求め、ゴロボロジコを支持するグループがウクライナ政府に圧力をかけるよう陳情したのは欧州委員会だったし、ゴロボロジコをふたたび大統領の座に据えたのも欧州委員会だった。

ゼレンスキー氏が二度目の大統領選に立候補したとき、ドラマと現実を混同させ、期待を込めて同氏に投票した有権者も多かったのではないだろうか。政権発足当初の70%という支持率がその証だ。ところが、その後も腐敗が撲滅される気配はなく、財政も近年、国際収支に問題を抱え、IMFからスタンドバイ取極《とりきめ》の融資を受けている。この融資をすごくわかりやすく言えば〝すぐに返すからちょっとお金貸して〟という性質のもので、流動性の高い手持ちのお金が、国にないということだ。

ドラマを超えた現実

2022年2月24日、現実はドラマを超えてしまった。このような政権と財政状況で、ウクライナは——自ら望んだことではないが——侵攻してきたロシア軍と戦うことになった。

大統領としてのゼレンスキー氏は主観的には戦争を避け、国家統合に力を入れたかったと思う。ところが彼はシステムを動かした経験がない。ゼレンスキー氏の〝芸風〟は、志村けんさんの「バカ殿」に似ている。「じい」と呼ばれる先代にも仕えた藩政の運営に長けた家老の存在があってこそ、志村藩はバカ殿でも安泰でいられた。ドラマで言えば、ユーリーのような腐敗してはいるが、政治も実務経験も豊富な閣僚や側近の力なくしては動かない。ところがゼレンスキー大統領のブレーンのほとんどは、『国民の僕』の仲間や番組関係者だという。このようなチームの下でロシアとの戦争が続いている。

戦争の継続には膨大なお金がかかる。開戦後のウクライナの経済・財政状況を日本メディアはどう伝えているのか。時期はずれるが、朝日新聞と日本経済新聞が掲載した英フィナンシャルタイムズの記事を読んでみよう。

まず、朝日新聞から。5月11日に配信された、ウクライナ国立銀行（NBU、同国の中央銀行）総裁・シェフチェンコ氏へのインタビューだ。NBUは、戦費調達のため国債を引き受けて財政赤字を穴埋めする財政ファイナンスの実行を決断した。

〈中央銀行による国債の直接引き受けは通貨の信認などを損なうおそれが指摘され、シェフチェンコ氏は「苦渋の決断だった」と話した。詳しいやりとりは以下の通り。

――戦時下のウクライナの金融システムはどう機能していますか。

「奇跡的な安定を見せています。銀行の支店の78％は営業を再開しています。これにはデジタル化が寄与しています。顧客はオンラインで預金管理ができ、銀行はサービス提供を続けられています。取り付け騒ぎなどは起こらず、むしろ戦争開始からウクライナの通貨フリブナでの個人預金などは19％増えています」〉（朝日新聞デジタル　2022年5月11日）

ロシアの侵攻後、GDPの半分に相当する資産の損失が生じ、4月のインフレ率は15・9％。年末には20％を予想しているという。

〈──ロシアとの戦いにはどれほどのお金がかかるでしょうか。

「国の予算は政府の管轄ですが、財務省の想定では、向こう3カ月は月に約50億ドル（約6500億円）必要になります」

「開戦当初、中央銀行が足りない予算を直接埋める苦渋の決断をしました。この状況では、（財政赤字を中央銀行が穴埋めする）財政ファイナンスで支えるしかありませんでした。でも、中央銀行が予算を補うのは、戦時下の例外だと理解しています。戦争に勝利し、金融部門の危機が去ったらすぐに、これらの措置はやめます。税制や国際社会からの支援を含む本来の財政措置が、ずっと重要なのです」〉（同前）

記事は、国際社会やIMFからの財政支援を求めるシェフチェンコ総裁の声を伝えて締められている。

戦費にかかる金額についての質問に対し、シェフチェンコ氏は、財務省の想定で毎月50億ドル必要と答えている。具体的にはどういう財務状況にあるのか。そして継続的な支援を求めているが、その深刻さの度合いがいまひとつ伝わってこない。

そこで、日本経済新聞が掲載したフィナンシャルタイムズの記事を読んでみよう。7月13日付の記事だ。

〈ウクライナの海外パートナーは同国の財政が悪化していると警鐘を鳴らしている。ロシアの侵攻で税収が落ち込み、同盟国が迅速な財政支援の実施に苦戦しているためだ。

ウクライナ政府は財政強化のために紙幣増刷などの緊急施策を実施しているが、米財務省はそれでは、重要な公的サービスを長期的に提供する政府の能力が損なわれかねないと警告した。同盟国がすでに表明している数百億ドル規模の支援や低金利の融資をできるだけ速やかに実施する必要がある実情が浮き彫りになった〉(日本経済新聞2022年7月14日)

ウクライナの財政がかなり深刻な状況に陥っていることと、国際社会からの財政支援に滞りが生じていることがはっきりわかるリードだ。

朝日新聞のインタビューでシェフチェンコNBU総裁が述べていた、月50億ドルの戦費が「必要」だという言葉の内実を、フィナンシャルタイムズは、次のようにはっきりと書く。

〈ウクライナの財務省は今も財政赤字を月50億ドルと試算している〉(同前)

その赤字額は〈欧米諸国がこれまでに提供した額を大きく上回っている〉という。

つまり補塡しても間に合わないほどの赤字が出ているのだ。

8月に入り、ウクライナからの穀物輸出が再開されたが、これまでの経済的損失、財政悪化を一気に挽回し、戦費を賄えるほどの外貨は得られない。

〈ウクライナ中央銀行が国債買い入れで財源不足を補塡しているが、外貨準備の利用を加速度的に増やさざるを得ない状況だ。

主要7カ国(G7)とEUはウクライナに総額296億ドル(約4兆円)の財政支援を正式に表明している。キーウ(キエフ)の投資銀行ドラゴン・キャピタルによると、ウクライナの同盟国と国際金融機関がこれまでに同国に供給した資金は127億ドルという〉(同前)

さらなる財政支援が必要だが、EUの足並みが乱れ始めている。

〈EU首脳は5月、それまでに約束していた緊急融資12億ユーロに加えて、最大90億ユーロの追加支援も表明した。その支援の枠組みをめぐって、議論は今も続いている。EU関係者は、8月の休暇までに支援パッケージが全面合意に至る可能性は小さいと言う。

特にドイツは支援の全額を融資として提供する案に疑問を呈していると、複数の外交官は言う。ドイツ政府はすでに2国間支援としてウクライナに10億ユーロを支払っているほか、12日にはEUの10億ユーロの追加融資に支持を表明した。

独財務省は、欧州委が表明している90億ユーロの支援取りまとめに向けて追加案を提出する予定で、それが明らかになればすぐに加盟国による審査が行われると語った。「我々は国際パートナーとともに、ウクライナを支援する」とも言う。

ウクライナのゼレンスキー大統領の経済顧問を務めるオレグ・ウステンコ氏は、財政赤字の補塡には現状で月90億ドルの支援が欧米諸国から必要という。この金額は従来の要請額の倍近くに上る〉(同前)

つまり、開戦前から財政が破綻状況にあったウクライナは、〝自前の戦争〟を遂行できないのだ。他国から戦費を調達できなくなれば、戦争を継続することはできない。

国際社会のウクライナ支援疲れ

では、いったい、これは誰の戦争なのか？

ＥＵの戦争なのか？　例えばドイツ。ＥＵの枠組みでも、ドイツ—ウクライナの２国間でも財政支援をしているが、ここにきて支援体制に疑義を呈している。そもそもドイツは天然ガスの55・２％、原油の33・９％、石炭の48・５％をロシアからの輸入（２０２０年）に頼っている。

フランスの場合、ドイツに比べ、ロシアに対するエネルギー供給の依存度は高くない。しかし、脱炭素に向け、原発によるエネルギー供給の自立を進めている。ウランの調達はカザフスタンやウズベキスタンといったソ連を構成していた旧共和国からの輸入頼みだ。これらの国に対するロシアの影響力は強く、ロシア情勢が不安定化することはフランスにとって好ましいことではない。

〈エネルギー調達でロシアに依存するイタリアや、侵攻後もロシアのプーチン大統領と電話協議を続けてきたフランスとドイツなどは早期停戦を求める。ロシアを含めた欧州の安全保障の形を探るマクロン仏大統領は「停戦実現後に外交解決を進められるよう、ロシアに屈辱を与えてはならない」と発言し、ウクライナの反発を買った。

仏独伊の3首脳は〔6月〕16日、侵攻後初めてウクライナ入り。ゼレンスキー大統領は共同記者会見で「今のプーチンが誰かの意見を聴くとは思えない」と対話に否定的な考えを示したが、マクロン氏は会見後に「ウクライナの側には立つが、侵攻の深刻化を防ぐために必要だ」とロシアとの協議を続ける方針を強調した〉（東京新聞　2022年6月18日、〔　〕は引用者、以下同）

マクロン仏大統領の「ウクライナの側には立つが」の「が」に、いい加減に停戦交渉のテーブルについてほしいという、本音が表れていると思う。フランス、ドイツ、イタリアは手を替え品を替え、ゼレンスキー大統領に、ロシアとの交渉の席に着くように働きかけているが、現時点でその兆しは見られない。8月4日のロイター通信は、ドイツのシュレーダー元首相が、プーチン大統領と会ったことを伝えた。

〈ロシアのプーチン大統領と親交があるシュレーダー氏は〔ドイツの週刊誌〕シュテルンと放送局ＲＬＴ／ＮＴＶに対し、先週モスクワでプーチン氏に会ったとし、「ロシア大統領府は交渉による解決を望んでいる。最初の成功は穀物輸送の再開だった。これを停戦へと徐々に拡大していける可能性がある」と述べた〉（ロイター　2022年8月4日）

ところが、ウクライナ側は、シュレーダー氏の見解を一蹴した。

〈これについてウクライナのポドリャク大統領顧問は、穀物輸出の再開は交渉にはつながらないと指摘。「ロシア政府が対話を望む場合、ボールはロシア側のコートにある」とし、建設的な対話を行うには先ず停戦と軍隊の撤退が必要との考えを示した。

クレバ外相は「プーチン氏の子分」がロシアに和平交渉の用意があると言うことほど皮肉なことはないとし、「ロシアは戦争に集中しており、他の全ては煙幕でしかない」とツイッターに投稿した〉（同前）

ＮＨＫによる、ウクライナへの支援に関するフランス国際関係戦略研究所のパスカル・ボニファス所長へのインタビューが興味深い。「西側」の価値観に基づく支援の限界を示唆している。

〈「最大の欠陥は、制裁に参加しているのが、日本やオーストラリアなど欧米の同盟国にとどまっていることだ。アフリカやラテンアメリカ、アジア諸国などは制裁に加わっておらず、ロシアの政策に変更を促すほどのインパクトがないのは明らかだ」と述べました。さらに「歴史を振り返っても国の死活的な利益がかかっている場合に他国による制裁がその国の政策を変えたことはない」という見通しを示しました〉(NHK NEWS WEB　2022年8月24日)

ウクライナ戦争に関し、「ロシア対それ以外の国際社会」という構図ができていると思っているのは「西側」の人間くらいだということだ。むしろ「西側」は自分たちの価値観が普遍的だと信じ込んでいることを、一度、疑ったほうがいいのかもしれない。すでに、「西側」の足並みも乱れ始めた。価値を優先し、利益と力を犠牲にし続けてまで結束するのは困難だということを示している。

〈ボニファス所長は、ロシアよりも、制裁を加えているヨーロッパ諸国の方がはるかに大きな影響を受けるだろうとしたうえで、「今のところ欧米の世論がプーチン大統

領に屈する様子はないが、早晩、本当に制裁を続けるべきかどうかという意見が出てくる可能性はある」と述べました〉（同前）

8月23日、ゼレンスキー大統領はクリミア半島の返還を目指す外交枠組み「クリミア・プラットフォーム」の国際会議で、2014年にロシアに併合されたクリミア半島奪還を明言した。

〈ゼレンスキー大統領は記者会見で「クリミアを取り戻す。われわれの領土であり、他国との協議なしにわれわれが正しいと決めた方法で取り戻す」と言明した。

さらに、ロシア政府を「落ち着かせる」ために、既存の最前線を凍結する提案には同意しないと断言。「戦争疲れ」を見せないよう、世界に呼びかけた。（中略）ゼレンスキー大統領は「全てはクリミアから始まり、クリミアで終わる」とし、「恐怖を克服し、われわれの地域や欧州、全世界に保証と安全を取り戻すため、ロシアの攻撃との戦いで勝利することが必要と100％確信している」と語った〉（ロイター　2022年8月23日）

ゼレンスキー大統領のクリミア半島奪還発言よりも注目したいのは、「戦争疲れ」

を見せないよう会議の参加国に呼びかけたことだ。裏を返せば、国際社会にウクライナ支援疲れ、あるいは関心の低下が表れていることは隠しようもなく、そうした状況に対し、ゼレンスキー大統領が危機感を覚えているということだ。

ウクライナのシュハミリ首相は、2022年末までに海外のパートナー国に、さらに120億〜160億ドルの支援を求めている。

アメリカに「管理された戦争」

ウクライナを支援する国の足並みの乱れ、あるいは支援疲れが隠せなくなった状況下の、8月24日——1991年8月24日はウクライナが独立した日——アメリカのバイデン大統領は、「この半年間、ウクライナの人々は並外れた勇気と自由への献身でロシアに立ち向かってきた。米国は、主権を守るために戦い続けるウクライナを支援することを約束する」との言葉とともに、ウクライナに対し、これまでで最大規模の29億8000万ドル（約4100億円）の支援を表明した（東京新聞　2022年8月

24日)。ロシアによるウクライナ侵攻以来、今回、バイデン大統領が表明した支援額を除き、アメリカ一国での支援額は99億ドル、日本円で約1兆3000億円にのぼる。アメリカは戦況の変化に応じ、ウクライナに武器を供与してきた。今回表明された支援では、防空システム、無人機、レーダーなどが供与される予定だ。ただし、この中には実施が2~3年後になるものも含まれる。ウクライナが望む形での軍事支援を行う意思が、アメリカにないことを示すものだ。

つまり、アメリカはウクライナに対し、とにかくロシアとの戦いを続けろと言っている。それに追随しているのが、EUを離脱したイギリス、ロシアと国境を接するポーランドやバルト三国だ。これらの国は3章でみたとおり、ソ連崩壊後、自国をソ連の被害者だとする「記憶の専有」を進めた国でもある。

一方、ロシアとの話し合いを続け、ウクライナを停戦交渉のテーブルにつかせようとしているのが、EUの主要国であるドイツ、フランス、イタリアだ。

ここで、先の問いに戻ろう。これは誰の戦争なのか? 答えは、アメリカが直接戦わない、アメリカの戦争だ。私は、この戦争を「管理された戦争」と呼んでいる。ウクライナ軍の戦闘が、アメリカによって管理されているのだ。

8月末現在、ウクライナ東部・ドンバス地域で多少の押し引きはあるにせよ、戦線は膠着《こうちゃく》状態にある。ウクライナがこの戦況を好転させ、ゼレンスキー大統領が言うように、クリミアを奪還するには、2つの方法がある。

第一は、米軍を中心としたNATO軍が直接介入すればいい。しかし、これは事実上、米ロが直接干戈《かんか》を交えることになり、直ちに第三次世界大戦へと発展してしまう。米国内世論、世界の安全保障の観点から、アメリカはこのような選択を絶対にしない。アメリカが戦況に応じてウクライナに武器を供与するという、戦争の悪手、戦力の逐次投入を行っているのもその証左だ。

第二は、ウクライナが要望する量の武器をNATO加盟国が迅速に供与することだ。しかし、このシナリオもない。ウクライナ領内の戦闘でロシア軍に対しこうした武器を使用するのは、自衛権の行使ということで許容範囲だが、ロシア領に対し、NATO加盟国が供与した武器が使用されたとすれば、話は別だ。ロシアはNATO加盟国を交戦国とみなし、この場合も第三次世界大戦に発展してしまう。

具体的な事例で見てみよう。ロシアがクリミア半島を併合した後、ロシア領のタマン半島とクリミア半島東端の町、ケルチとを結ぶ橋が造られた。全長19キロのクリミア大橋だ。道路の工期が3年、鉄道の工期が4年かかり、開通式典ではプーチン大統領が大型トラックを運転して、クリミア半島へ向かう車列を先導した。

ウクライナ戦争開戦後の5月、ウクライナ側からクリミア大橋を爆破すべきだという意見が出た。橋がロシア軍の物資輸送に使われており、爆破すれば、ロシアの黒海艦隊への陸からの補給を断つことができるからだ。

ウクライナの政権幹部は次のように明言していた。

〈「必ず破壊される。問題は、それがいつになるかということだ」。ウクライナのニュースサイト「チャンネル24」(8日付)によると、ウクライナのアンドルーシウ内相顧問はこう言ってクリミア橋を将来的に攻撃する可能性に触れた。現状では遠距離から攻撃できる有効な武器がないとして、攻撃するには橋の沿岸に近づく必要があるとの課題も指摘した〉(朝日新聞デジタル　2022年5月9日)

〈ウクライナのダニロフ国家安全保障国防会議書記も4月下旬、橋の破壊について

〈「機会があれば、間違いなくやるだろう」とラジオ番組で述べている〉（同前）

6月15日、アメリカが武器の追加支援を発表した。その翌日のウクライナ軍・マルシェンコ少将の発言。「米国をはじめとする北大西洋条約機構（NATO）諸国の武器を受け取ったら、少なくともクリミア大橋の攻撃を試みる」。「クリミア大橋は目標の一つか？」と尋ねられたマルシェンコ少将は、「100％そうだ。このことはロシア軍人、ウクライナ軍人、ロシア市民、ウクライナ市民にとって秘密ではない。これがロシアを敗北させるための第一の目標だ。われわれは虫垂を切らなくてはならない。虫垂を切れば、これでロシアにパニックが起きる」と答えた。

ロシアの政府系放送局第1チャンネルの政治討論番組「グレート・ゲーム（ボリシャヤ・イグラー）」がすぐにマルシェンコ発言を取り上げた。出演者は、ロシア高等経済大学のドミトリー・スースロフ教授、モスクワ国際関係大学のアンドラーニク・ミグラニャン教授、作家のニコライ・スタリコフ氏ら。

スースロフ教授がマルシェンコ少将の発言が何を意味するかについて問う。

「スタリコフさんにお伺いしたい。米国は、この種の発言やウクライナの行動が紛争を激化させる直接的要因になるとは考えないのか。紛争はウクライナだけでなく、その外側にも及ぶ。猿に手榴弾を持たせるようになれば（今がまさにそのような状況であるが）、責任は猿に手榴弾を渡した者が負わなくてはならない」

スタリコフ氏は、次のように答えた。

「理屈では、猿に手榴弾を与えた者が責任を負わなくてはならない。しかし、歴史において責任を負うのは猿自身である。手榴弾は投げた者がその責任を負うというのが、米国の考えだ。ウクライナ軍の将官の一人がクリミア大橋を攻撃すると言っても、米国は何の損もしない」

スタリコフ氏は、渡された手榴弾を猿がどう使っても、渡した側は責任を負わないというのが、米国の認識だ、ということを述べている。しかし、それは歴史認識上の話であり、国際法では猿に手榴弾を渡した者も、敵対者とみなされる。歴史において責任を負うものと、現実政治において責任を負うものが別だということは、アメリカもわかっている。ウクライナが、アメリカ（NATO加盟国）から供与された武器を使いクリミア大橋を爆破すれば、どうなるか。ロシアはNATO加盟国を交戦国とみなし、全面戦争に突入する恐れがある。

8月末に至るまでクリミア大橋が爆破されないのは、アメリカがウクライナを押しとどめているからだ。アメリカは、ロシアがこの戦争に勝つことがあってはならないと考えると同時に、基本的には膠着状態にあるウクライナ情勢においてウクライナが圧勝することはないこともわかっている。だから戦火をウクライナ国内に押しとどめたいと考えているのだ。管理された戦争では、戦闘に巻き込まれて命を落とす民間人は、すべてウクライナ人だ。この戦争で、アメリカはウクライナを盾にして戦争を遂行することにより、ロシアが疲弊することを期待し、そして〈ロシアに対する経済制裁によって、ヨーロッパ経済、とくにドイツ経済が麻痺していくことについても、ひそかに満足感を味わっていることでしょう〉（エマニュエル・トッド『第三次世界大戦はもう始まっている』大野舞訳　文春新書）という見立てもある。

アメリカがウクライナを支援すればするほど、ウクライナでは人命が失われ、経済も国民生活も消耗していく。アメリカの代理戦争を続けても、ウクライナがロシアに圧勝する展望は開けていない。できるだけ早く、停戦交渉に向けて舵《かじ》を切るべきだ。

第5章　ロシアから見たアメリカ
政治討論番組「グレート・ゲーム」で何が語られているか

戦争にはさまざまな語り方があり、マクロの視点か、ミクロの視点か。あるいは立場の違いによって、同じ戦争が全く別のものに映ることもある。

ウクライナ戦争もそうだ。この戦争に関する情報が日々、流れてくる。ある地点の攻防をめぐってロシア側の発表とウクライナ側の発表が食い違っていることも珍しくない。今回の戦争の直接の当事国ではない私たちには、局地戦に関し、どちらの言い分が正しいかなどいちいち吟味していると疲れ果ててしまう。それでも、民間人が犠牲になった報道や原子力発電所をめぐる攻防の報道などは、悲しみ、怒り、恐怖といった感情に直接訴えかけてくるから、理屈抜きで受け止められる。しかし、その感情に任せて、ウクライナと私たちが属する「西側」を正義の側とし、悪者・ロシアの言い分を聞く必要はないという態度をとっていいものだろうか。あえてそういう問いを立ててみたい。

戦争が始まるまで多くの日本人が関心を払わなかったウクライナで起きている戦争について、ユーラシアやヨーロッパの政治や外交、経済、歴史など構造的な問題として語られると理解しきれない場合が多いと思う。ドイツの哲学者ユルゲン・ハーバーマスは、処理しきれない情報を前にした人間は、誰かが説得して自分を納得させてくれるはずだ、と考えるようになる。これが、「順応の気構え」だという。

ウクライナ戦争が始まった直後から、日本のテレビのワイドショーでは〝専門家〟と称する人が、そうした構造的な問題や戦局について、視聴者にわかりやすく解説している。ところが、そのコメントの多くは、視聴者をミスリードしているように映る。こういう言説で視聴者が〝説得〟されてしまうのはよくない。

本書では、大手メディアが流す識者の〝主流〟の語りとは異なるアプローチで、ウクライナ戦争が、アメリカによって「管理された」戦争だという側面を炙《あぶ》りだしてきた。実際の戦闘はウクライナ軍が担い、戦争全般の管理をアメリカが行う。アメリカは、この戦争においてロシア、ウクライナに並ぶ主役といっていい。

この章ではあえて「ロシアの識者の目に映るアメリカ」を中心に考察していきたい。とりあげるのは1章でも紹介した、ロシアの政府系放送局・第1チャンネルの政治討論番組「グレート・ゲーム（ボリシャヤ・イグラー）」での議論だ。「グレート・ゲーム」は、ウクライナ戦争が始まってから、クレムリン（ロシア政府）からのメッセージを伝える性格を帯びている。

彼らがどのように物事を捉え、見解を出していくのか、思考プロセスも日本メディアではなかなか触れる機会がないと思うので、そのあたりも読み取ってほしい。

ウクライナが穀物輸出をできないのは？

6月6日（日本時間7日）の「グレート・ゲーム」に出演したのは、ドミトリー・スースロフ氏（ロシア高等経済大学教授）、ドミトリー・サイムズ氏（米共和党系シンクタンク「ナショナル・インタレストのためのセンター」所長［ソ連からの移住者で米国籍］）、レオニード・レシェトニコフ氏（対外課報庁中将、前戦略研究センター所長、元対外課報庁分析局長）の3人だった。前にも述べたが、サイムズ氏は、米ホワイトハウスとクレムリンの双方の信任が厚く、現下の情勢における重要ロビイストである。

ウクライナからの穀物輸出が8月1日から再開されたが、番組放映時はロシアとウクライナ間での穀物輸出再開交渉の最中だった。討論では二転三転する交渉について語られるが、ウクライナの背後にある存在ついての指摘が興味深い。

ウクライナが穀物輸出をできないのは、ロシアが悪辣な妨害をしていて、そのためにアフリカ、アジアの人々が飢餓に陥る——このような言われ方をしているが、果たしてどうなのか。サイムズ氏が口火を切った。

〈**サイムズ**　ロシアはいかなる前提条件も付けずにウクライナの食糧供給を認めると言っている。これはロシアから西側連合だけでなく、アフリカに対する「贈り物」だ。

これについて、ウクライナのゼレンスキー大統領は突然、「ベラルーシ経由ではだめだ。マリウポリ港経由も絶対にだめだ」と言った。オデッサ経由はどうだろうか。プーチン大統領が述べたようにロシアはそれを妨害しない。エルドアン氏（トルコ大統領）は、挑発行為を避けるためにトルコの軍艦を派遣することができると言った。

ゼレンスキー氏はどう答えたか。「だめだ。プーチンがこの機会を利用してウクライナを攻撃する可能性があるからだ」と。ここで質問がある。ロシアからの贈り物でさえ拒否するゼレンスキー氏と停戦の合意が達成できるであろうか〉

スースロフ氏がその話を引き取り、次のように述べた。

〈今日、ゼレンスキー氏が食糧問題の解決に全く関心がないことを全世界に示した。ゼレンスキー氏が関心を持っていることは、武器の受け取りだけだ〉

ゼレンスキー大統領は次のように述べている。

「われわれは安全な回廊と地方に配備する武器を必要としている。この状況下で地対艦ミサイルシステムを必要としている。これは脅威ではない。よりよい安全保障になる」（RBKウクライナ、2022年6月6日）

スースロフ氏によれば、ウクライナの穀物輸出再開に向けたおおよその枠組みはこの時点でできていたという。

〈どのようにしてウクライナの穀物をオデッサに運搬するか。計画に基づいてトルコは自国の軍艦で黒海の中立海域まで、貨物船に同行すると言っている。その先はボスフォラス海峡までロシア艦が同行する。素晴らしい計画だ。トルコはロシアがオデッサを攻撃しないことを保障する。同時にトルコはオデッサを経由してロシアと戦うための武器がウクライナに供給されないことを保障する。既に大枠は出来ていた。近くラブロフ外相がアンカラを訪れて合意ができるはずだった。

しかし、突然、ゼレンスキー氏が「だめだ。受け入れ不能である。われわれは地対艦ミサイルを必要とする。紛争解決のためには地対艦ミサイルが必要だ」と言った。わけがわからない〉

穀物輸出再開交渉であるにもかかわらず、ゼレンスキー大統領は「西側」に武器供与を求めるという、全くカテゴリー違いの話を持ち出して、合意を拒んだということになる。

結局、8月から始まった輸出再開の枠組みは、スースロフ氏が述べた内容とほぼ同じものになった。合意内容は次の通りだ。

•農産物を載せた貨物船が航行中は、ロシア軍は黒海に面したウクライナの港を攻撃しない。

•機雷が敷設された水域では、ウクライナ艦艇が貨物船の安全航行を誘導する。

•密輸に対するロシアの懸念に対応するため、トルコは国連の支援を受けて貨物船を検査する。

・黒海からのロシア産穀物や肥料の輸出も可能にする。
最後の項目に注目しよう。制裁下にあるロシア産穀物の輸出も可能にすることが謳われている。ロシアは世界最大の小麦輸出国だ。2020年度の輸出量は約3726万トン。ウクライナは5位で1805万トン。ロシア農業省によると、2022年夏、ロシアでは小麦の大豊作が見込まれていて、輸出関税を引き下げ、輸出を後押しする姿勢だという。

ゼレンスキー氏の言動は自発的なものか？

スースロフ氏は、ロシア産穀物の輸出国に絡めて重要な発言をしている。
〈**スースロフ**　ロシアの穀物輸出は、西側ではなくアフリカ、中東諸国への贈り物だ。ロシアの穀物の最大輸入国はエジプトだ。ハイブリッド戦争でロシアと西側の関係が悪化するとともに、アフリカ、中東、アジアとの関係がロシアにとって第一義的意味を持つようになっている。もちろんロシアは責任を負うプレイヤーである〉

ロシアの「西側」離れとアフリカ、中東、アジアへの接近政策は、食糧供給という具体的な形でも進みつつあることがわかる。
　実現まで紆余曲折した穀物輸出再開交渉の裏側には何があったのか。ここから先の議論が興味深い。対外諜報庁中将のレシェトニコフ氏が、ウクライナのゼレンスキー大統領の言動は自発的なものなのかと疑問を呈している。
〈**レシェトニコフ**　ロシア指導部が疑念を抱く一連の問題がある。果たしてゼレンスキー氏が、このような声明を（「西側」諸国から）独立して自主的に発信することができるかという問題だ。私の考えでは、米国の中枢部に、バイデン大統領やその側近でないとしても、ゼレンスキー氏に「こう発言しろ」と指示した人たちがいる。
サイムズ　そういう中枢部について御存知か。
レシェトニコフ　私はかつてSVRに勤務していたので、知識があるが、そういう中枢部があると考えている。しかし、現在は諜報の仕事に従事していない。プーチン大統領は、ゼレンスキー氏が述べていることは、誰かが作った話か、あるいは誰かの指令による発言であることを考慮しているはずだ。誰がどのようなことを行っているかについては、私は米国専門家でないからわからない。

米国はこのようなダブル・スタンダードゲームを行っているのかもしれない。一方において米国は紛争の凍結や和平を追求しておきながら、他方においてゼレンスキー氏に「お前はこうしろ」と指示しているのではないだろうか〉

アメリカ国家安全保障局の顧問を務めた経験のあるサイムズ氏は、文書の裏付けのない事柄に対しては慎重な態度をとるという留保をつけながらも、アメリカがゼレンスキー大統領の〝振り付け師〟だという見立てを否定しない。

〈**サイムズ**　私はゼレンスキー氏と米国人の関係がどのようになっているかについて正確なところを承知していない。もし、米国が、ゼレンスキー氏がそのような発言をすることを本気で望んでないならば……。

レシェトニコフ　ゼレンスキー氏はそのような発言をしない。

サイムズ　そう。ゼレンスキー氏はそのような発言をしない〉

ロシアは、ウクライナがアメリカの管理下にある、という現実を踏まえてゲームを行っているのだ。

アメリカによって「管理された戦争」に対し、ロシアは何を達成できれば「特別軍事作戦」を終了することができるのか。

〈**レシェトニコフ**　ロシアは、ウクライナの非ナチス化、非軍事化という目的をあくまで追求する。（ロシアが制圧した地域だけでなく）ウクライナに残留した地域についてもだ。ゼレンスキー政権の下では、非軍事化も非ナチス化もできない。われわれはマリウポリで（ネオナチ組織の）アゾフ連隊を殲滅した。現在は、ハリコフで同様の作業を進めている。

この種の連隊はナチス的なシステムだ。ナチス主義者ということを勘違いしている人がいる。ゼレンスキー氏がユダヤ人なのでナチズムはあり得ないと誤解している。（ドイツ第三帝国）当時のナチスは、反ユダヤ、反スラブ、反ロマだった。現在のナチスの特徴は反ロシアだ。現時点でゼレンスキー大統領とロシアが合意を達成することは不可能だ。ロシアは変化を必要としている〉

ロシアがウクライナに侵攻した理由は、プーチン大統領の、帝政ロシア・ソ連時代に復するという領土的野心に基づくものであり、ウクライナの「非ナチ化」が目的だ、などというのは言いがかりに過ぎないというのが一般的な日本メディアの認識だ。もちろん、ロシアによる侵攻に擁護の余地はないが、ナチズムという言葉は、実際にナチスドイツに蹂躙された経験のあるロシアやヨーロッパの人々と、日本人とでは、その重みやリアリティが異なる。ロシアの安全が、ウクライナの変化＝非ナチ化によって担保される、という論理は、ロシア側としては筋が通ったものなのだと思う。

さらにレシェトニコフ氏は、ウクライナが反ロシア＝ナチス化した背後にも煽動者がいることを指摘する。

〈われわれは、ウクライナを反ロシアにして、ロシア人憎悪を作り出した勢力を非難している。ロシア人憎悪を煽り、ロシア人を攻撃した勢力がすべての問題を引き起こした根源だ。あなたたちは２０１４年のクーデター（ユーロマイダン革命のこと）以降、反ロシア政策をとり続けてきた。

サイムズ（米国人である）私個人はそういうことをしていない。

レシェトニコフ　もちろんあなたはそういうことをしていない。あなたのような米国人がもっと多くいればいいのに〉

レシェトニコフ氏は当初、ウクライナを反ロシアにし、ロシア人憎悪を煽るものを「勢力」と表現するに止め、具体的な名指しを避けたが、会話が進む中で、図らずもその勢力が「米国」だとわかる発言をしている。

レッド・ラインをめぐる米ロの合意

サイムズ氏は、ロシア高等経済大学教授・スースロフ氏にも見解を求めた。スースロフ氏は、ロシアが最後まで特別軍事作戦を遂行せねばならないと述べたうえで、ポイントを2点挙げた。

〈**スースロフ**　ロシアは非西側世界との関係を強化しなくてはならない。中国、インド、南アフリカなどのＢＲＩＣＳ諸国や中東だけでなく、米国の政策によって不利益を被りうるすべての国とだ〉

これが1点目だ。ロシアの「西側」離れは、政権および政権ブレーンによって、今後の政策として共有されていることがわかる。

ベルルスコーニ・イタリア元首相は、「ウクライナの状況は、西側が他の世界から孤立していることを示している。ウクライナの危機に西側は結束して対応したが、しかしその結果はロシアが西側から孤立しただけではなく、西側が残りの世界から孤立していることを示した。米国の同盟国を除く大多数の国は、ロシアの特別軍事作戦を非難することを拒否した」と述べた。

「米国の政策によって不利益を被りうるすべての国」とロシアが関係を強化すれば、「西側が残りの世界から孤立」した状況が固定化する。「ロシア対ロシア以外の国々」=「悪と正義」という構図は、「西側」の思い込みに過ぎないのだ。

2点目として、スースロフ氏は、ウクライナ戦争のエスカレートを何としても防ぐ必要があるということを挙げた。

〈**スースロフ**　とても重要なことであるが、米国とゲームのルール、とくに（超えてはならない）レッド・ラインについて合意することだ。ロ米双方が望まない状況悪化の可能性が高いからだ。

現在、このような合意を取り付けるのに一定の肯定的前提ができていると見てい

る〉
米ロ間に「一定の肯定的前提ができている」ことをうかがわせるのが、アメリカの高機動ロケット砲・ハイマースのウクライナへの配備だ。最大射程約300キロの精密誘導弾を発射できるが、ウクライナに供与されたものは80キロに制限されている。〈(プーチン大統領は）ウクライナへのハイマース配備について、きわめて冷静な反応を示した。プーチン氏は、ハイマースの配備が戦局の全体像を変化させることにはならないと言った。重要なのはハイマースでウクライナがロシア領を攻撃しないことだ。この声明で、われわれはバイデン政権が300〜500キロの射程距離を持つ長距離ロケット砲を配備しないことで、一定の限界を設けたと理解していることを示している。

ロシアもそれに対応している。私はプーチン氏の発言に現状を悪化させようとするニュアンスがまったくないと考えている〉
米国はロシアと直接対峙することを避けるという条件でウクライナに対する軍事支援を行っている。このような米国によって「管理された戦争」の下で、ウクライナが自国の領域からロシア軍を駆逐するという目標を達成することは不可能だ。

このような〝負けない戦争〟を継続することによって、アメリカは何を得ようとしているのか。

6月16日（日本時間17日）の「グレート・ゲーム」では、ウクライナ戦争におけるアメリカの勝利とは何か、意見交換がなされた。出演は、司会のスースロフ氏の他、アンドラーニク・ミグラニャン氏（モスクワ国際関係大学教授）、ニコライ・スタリコフ氏（作家）、アレクサンドル・ローセフ氏（外交・国防政策評議会幹部会員）ら。

〈**スースロフ**　ロシアはドンバス地域（ウクライナのルハンスク州とドネック州）での戦闘を成功裏に進めるとともに、そのことによって戦闘停止につながる外交的・政治的解決に意欲を示している。

現時点で交渉はキエフによって凍結されている。それはウクライナへの米国からの明示的指令によってだ。しかし、ロシアによる特別軍事作戦が疑念の余地のない形で成功している状況で、西側の政策が徐々に変化している。

今日、西側は一方においてウクライナへの武器の供給を続けているが、他方におい

てロシアに対して交渉と武力紛争の停止を呼びかけている。西側では分業が行われている〉

ウクライナへの武器支援を継続し戦争を続けるように促しているのが、米国、英国、ポーランドだ。一方、停戦交渉のテーブルにつくよう働きかけているのが、フランス、ドイツとイタリアだ。だからといって、前者が完膚なきまでにロシアを倒すことを目標にしていないことは、武器支援のペースと内容を見ればわかる。

米国の立場の変化

では、戦争を「管理」するアメリカは、この戦争がどのように着地すれば、勝利あるいは勝利に相当する収穫を得たと言えるのか。

スタリコフ氏の見解はこうだ。

〈**スタリコフ**　米国は、ウクライナが勝利することはできないし、勝利してはならないと考えている。その理由はウクライナにロシアに対して勝利する潜在力が欠如しているということだけではない。ウクライナに勝たせないということが米国の戦略だ。ウクライナは米国にとってロシアに対抗する道具だからである。ロシアを倒すのではなく、弱体化させるのが米国の戦略だ。だから紛争が継続する規模の武器をウクライナに供給する。ロシアは弱体化する。

しかし、いかなる状況においてもウクライナが勝利を収めてはならない。ロシアが西側を必要としているからだ。経済的にロシアは苦しい状況に置かれる。暗いトンネルの先に光が見える。そして、ウクライナ政府やゼレンスキー大統領と折衝するのではなく、ワシントンに赴いて、全ての問題を解決して合意を達成するということになる。米国はロシアにさまざまな問題を作り出して、簡単な解決のシナリオを準備する。ワシントンがすべての問題を一挙に解決する。これが米国にとっての勝利ということだと思う〉

この戦争がだらだらと続くことによってロシアを疲弊させ、直接戦わないアメリカが圧倒的優位に立つ。そして、アメリカが停戦交渉を主導することでこの戦争の収拾を図ること。それがアメリカにとっての勝利だという。

その点についてのスースロフ氏の見解はどうか。

〈**スースロフ**　米国には勝利についていくつかの考え方があると思う。ある人々はロシアの拡張、帝国主義的野心を打ち砕くことと考えている。そして、ヨーロッパからロシアを駆逐し、ロシアを「正常な国民国家」にしようとしている。別の人々は勝利について異なった考えをしている〉

スースロフ氏は、アメリカの政治指導層によって、勝利の形態は異なる、と考えている。見方を変えれば、アメリカは勝利についての明確なシナリオを描き切れていないとも受け取ることができる。

スースロフ氏はさらに、米国の立場の変化について述べた。

〈第1に、米国がウクライナの紛争は外交的手段によって解決すべきであると述べるようになった。米国が武器を供給するのは、交渉におけるウクライナの立場を強化するためであり、ロシアを解体するためではないと。

第2に、今日（6月16日）、NBCテレビのニュースが報じたことであるが、バイデン米大統領は自分の部下たちに、キエフ（ウクライナ側）に非現実的な期待を抱かせ

てはならないし、ロシアを挑発しないようにと呼びかけた〉

スースロフ氏は、こうしたアメリカの変化についてウクライナを停戦交渉の席に着かせることが目的なのか、とミグラニャン氏に尋ねる。

〈**ミグラニャン**　真面目な米国人分析専門家の1人であるリチャード・ハース氏は本件についてこう述べた。2つの契機がある。第1は、戦闘活動を停止するか和平交渉を始める。われわれ（米国）の側が勝利できないのは明白だ。その場合、交渉で和平を追求するのは当然のことだ。第2は、交渉姿勢についてロシアとウクライナが同意することだ。ウクライナは領土の一部を引き渡し、和平を実現しなくてはならない。しかもそれがウクライナの内政的に可能でなくてはならない。しかし、ウクライナの政権は内政的にも能力がない〉

アメリカにとって、この戦争に負けないことが重要だが、ゼレンスキー政権下のウクライナが交渉の席について和平を結んでも、政権に求心力がないため、ウクライナ国内がもたないという見立てだ。だから、「西側」は、一方でウクライナに武器を供与し、一方で交渉の席に着くように勧めるという、アクセルとブレーキを同時に踏むような矛盾を生じさせたまま、時間だけが経過している。

スースロフ氏は、ミグラニャン氏の見解に同意したうえで、補足した。

〈米国最大のシンクタンクである外交評議会のリチャード・ハース会長は、この評議会の雑誌に、西側は長期の軍事紛争に備えなくてはならないという論文を書いた。ハース氏にとっては解決の前提が存在しないからだ。同時にバイデン氏がウクライナに過剰な幻想を抱かせないようにと述べたことは、ウクライナが勝利することはないという認識を反映したものだ。ウクライナが激しい反撃を展開し、ロシア軍を2月24日以前の線に押し戻すとか、2014年時点の状態を回復するというような主張はすべて無意味（ナンセンス）だ。

バイデン氏はこのことをわかっている。ウクライナが勝利しないならば、西側も勝利しない。だから西側は現在、ウクライナが負けないようにすることに関心が向いている。この紛争が続けば続くほど、ウクライナの敗北によって西側も政治的、地政学的に負けざるを得ないからである。もちろん西側は急速に事態が変化することを望んでいない。ただし、現状が維持されることは、ヨーロッパは言うまでもなく米国を含

む西側が政治的に敗北することになる〉

バイデン大統領もゼレンスキー政権がクリミアやドンバス地域を含むウクライナ全域からロシア軍を放逐することができない現実はよく理解している。しかし、ウクライナの敗北はバイデン政権の権力基盤を弱体化するのでウクライナ支援を続けざるを得ないのだ。そこにおいても米国がロシアと直接交戦することを避けるという条件は守られている。これが「管理された戦争」の実態だと思う。

つまり、アメリカはこの戦争がエスカレートすることを望んでいない。それはロシアも同じだ。米ロ、あるいはNATOとロシアが直接対峙すれば、そのまま第三次世界大戦につながってしまうからだ。

スースロフ氏は、この戦争を「管理」するために大切なのはロシアとアメリカの対話だという。

〈現在、そのような対話が欠如している。今日（6月16日）、ペスコフ・ロシア大統領報道官は、米ロ間のあるべき対話が存在しない、だから状況は東西冷戦のときよりも悪い、冷戦期には最悪の状況でも対話が行われていたと述べた。そしてこの対話が

事態の激化を防いだ〉

ところが、対話が欠如しているどころか、「西側は」繰り返しロシアのレッド・ラインを侵犯しているという。それはウクライナへの武器供与だけではなく、もっと大きな変動によるものだという。

スースロフ氏は、NATOのストルテンベルグ事務総長の次の発言を問題視する。

「われわれはウクライナ軍の現代化を支援しなくてはならない。そこにはソ連型の兵器体系からNATOの現代的兵器への移行も含まれる」

〈**スースロフ**　NATOはウクライナ軍とNATO軍の互換性を持たせようとしている。ウクライナへの武器供与は同時にウクライナを軍事的に発展させることになる。

ローセフさん、これは何を意味するのだろうか。

ローセフ（外交・国防政策評議会幹部会員）　NATOは自らの戦略に忠実だ。あの人たちは自らの意図を隠さない。たとえばランド研究所の報告が示しているところでは、ウクライナ紛争を煽り立てることでロシアの資産を国家発展のためでなく武器生産に使わせることで、ロシアを弱体化させるということだ。

スースロフ　NATOがウクライナの領域で自らの影響を拡大しているような状況で、ロシアは和平や停戦に応じることはできない。ロシアにとってこの種のシナリオが受け入れ不能であることを西側はわかっているのだろうか。

ドネツク人民共和国、ルガンスク人民共和国、ウクライナの東南部だけでなく、ウクライナ自体の非軍事化がロシアにとって必要だが、このことを西側はわかっているのだろうか。

ローセフ　わかっている。

スースロフ　西側はわかっているのに意図的に行っているということだ。

ローセフ　わかった上で意図的に行っている〉

「西側」というのは事実上、アメリカのことだ。出演者の意見を適宜補足して整理したが、ここで繰り返し述べられているのは、ロシアとアメリカが直接交戦するような破滅的局面に踏み込まない程度の戦争で、かつロシアから手じまいできない戦争が続けば、結果的にロシアが弱体化し、アメリカの利益になる——ロシア側の危機感の表れだとも言える。

とはいえ、いつかはこの戦争も終わる。それはどんなときか。ミグラニャン氏が興味深い指摘をしている。

〈**ミグラニャン**　チャーチル元英首相が米国人について述べた名言がある。米国人は数え切れないほどの過ちを犯した。しかし、最終的に正しい決断をする。できるだけ早く武器の供与を止め、キエフに交渉の席に着かせるというのが正しい決断だ。

スースロフ　米国は今のところ矛盾した態度を取っている。

ミグラニャン　それは米国人が全ての過ちを犯しつくしていないからだ。

スースロフ　確かに米国人は未だ全ての過ちを犯しつくすという状態にはなっていない。米国人のイデオロギー的マントと世界を指導する大国であるという幻想が新たな過ちを引き起こすであろう〉

その過ちが何か、具体的な言及はなかったが、いずれにせよ、ウクライナ戦争は、ロシアとアメリカの交渉で最終的に解決せざるを得なくなるという出演者に共通する見通しは正しいと思う。

7月4日（日本時間5日）の「グレート・ゲーム」では、アメリカの内政に関して討論が交わされた。「管理された戦争」を主導するアメリカに変化が起きているという見解は非常に興味深い。出演したのは、スースロフ氏、サイムズ氏、レシェトニコフ氏だった。

司会役のスースロフ氏は、7月4日のアメリカの独立記念日のことから話を始めた。今年の祝賀行事はささやかなものだったという。対外諜報庁中将でインテリジェンス分野の専門家・レシェトニコフ氏によると、「米国政治の分析に従事する者にとって、7月4日の独立記念日は大きな意味を持っていた。ソ連時代にわれわれは7月4日のもつ意味をよくわかっていた。独立記念日は米国のイデオロギーであり理念だ」という。イデオロギーの異なる国だから、逆に独立記念日が、米国の祝日の中でも特別な意味を持つことがよく見えるというわけだ。

ところが米国籍のサイムズ氏は、いまや「米国で独立記念日は、数多くある祝日の1つと見なされている」という。

〈米国では祝日の数が継続的に増えている。なぜならエスニック・グループごとに独自の休日を持つようになったからだ。同性愛者たちも自分たちの祝日を持っていて、それを大切にする。祝日の量が人々を当惑させている。どれが本当の祝日で、どれが単なる休日に過ぎないかがわからなくなっている〉

なぜならば、「米国の構造が大きく変化したことだ。米国に住む多くの人々が、自らが米国人であると意識しなくなっている」からだ、とサイムズ氏は指摘する。

〈それはこの人たちが移民だからということではなく、移民たちが同じ場所に住むようになっているからだ。移民たちはそこで自らの生活を営み、民族語を話す。米国の伝統や歴史にほとんど関心を持たない〉

サイムズ氏はかつてワシントン郊外の街に長年暮らしていたが、やがてこの街にインドからの移民が住みはじめるようになった。当初は地元の生活様式に合わせて暮らしていたが、徐々にインド人だけのコミュニティが形成され、インドの言葉で会話がなされるようになり、インドの街のようになったという。

〈建前として移民は米国史について最低限の知識を持っていなくてはならない。国籍を得るためには歴史のテストに合格しなくてはならない。しかし、現在、このテストは形骸化している。多くの移民が英語を十分に理解せず、米国社会の少数派に留まっ

ている。議会が定めた祝日が、民族の伝統に組み込まれていない〉

こうしたエスニック・グループが米国内に多数形成されており、このような状況で7月4日が大きな意味を持つとは思えない——サイムズ氏は現地に暮らす者として実感している。

レシェトニコフ氏は、こうした米国の現状をソ連末期との類比で語る。

〈**レシェトニコフ**　これはソ連の危機によく似ている。ソ連の精神的危機が国家の崩壊をもたらした。多くの人は冷戦について語るが、当時のソ連は国内的危機に直面していた。現下の米国も精神的危機に直面している。それはプラグマティックな面では経済危機として現れる。8％の国民しかウクライナの戦争を重視していない。私たちは経済にも反映している政治的危機の現場証人だ。ソ連で私たちは共産主義体制に対する宗教的で体系的な価値を喪失した。米国でも同じことが起きている。7月4日の独立記念日がもはやほぼ国民的祝日でなくなっているのは深刻な事態だ。これは非常に重要かつ危険な兆候だ。

スースロフ　サイムズさんが指摘したように、米国は複合的かつ根源的な危機に直面している。その1つが現在、米国で見られる人口構成の変化だ。独立宣言で表明された米国を形成するイデオロギー的なアイデンティティーがある。それと同時に米国には常に別のアイデンティティーもあった。1960年代までの数十年は白人というアイデンティティーだった。70年代もそうだった。

サイムズ　米国はアングロサクソン国家だった。ポーランド人、ユダヤ人、中国人もいたが、政治と司法の文化は英国起源のものだった。

スースロフ　1970年代初め、米国における白人の比率は87%だった。現在は60%以下になっている。

サイムズ　ワシントン郊外の学校では非白人が多数派になっている。

スースロフ　徐々に量が質に変化している。その変化とは多くの米国人が7月4日を単なる休日と考えるようになっていることだ。何がフィラデルフィアで起きたか、独立宣言にどのような価値が盛り込まれているのか、こういった問題に無関心になっている〉

米国の価値観が内側から崩れている。スースロフ氏、レシェトニコフ氏、サイムズ氏には、米国の現状が政治エリートも大衆も共産主義的価値観を信じられなくなったソ連末期と二重写しになるのだ。

米国が関与する理由を説明しなくてはならない

自由と民主主義というアメリカを統合する価値が普遍的なものだと信じることができなくなると、代わりに〝普遍的〟なものとしてせり出してくるのは、あらゆるものに交換可能な金＝経済だということになる。利益の体系が価値の体系を兼務し始めたと言っていい。ところが富の偏在と急激なインフレのため、一握りの富裕層を除けば、中間層以下の経済状況は悪化している。

〈**サイムズ**　米国での生活は厳しくなっている。腹を空かせている人がいるし、薬が入手できずに死ぬ人もいる。食料品は不足し、選択肢も少なくなっている。私は都市から離れた村に住んでいるが、そこにはガソリンスタンドが1つしかない。数カ月前までガソリンが1ガロン（約3・8リットル）4ドルだったが、現在は6ドルだ。深刻な事態だ。平均的な乗用車のタンクには21ガロン入る。タンクをいっぱいにすると120ドルかかる。米国では多くの人が遠距離通勤している。なぜこんなことになってしまったか、人々には理解できない。バイデン大統領はすべてプーチンが悪いと言っている。バイデン氏の発言に耳を傾けてみよう。

「われわれは必要とされるだけウクライナを支援しなくてはならない。ガソリン価格の上昇はロシアのせいだ。ロシア、ロシア、ロシアが食糧危機をもたらした」（2022年6月30日、スペインにて）

バイデン氏は、有権者にウクライナが米国にとって重要になる理由を説明しなくてはならない。今日はウクライナで、明日はどこか別の国で自由と民主主義が脅威に晒される。多くの米国民にとって、これは空虚な言葉に過ぎない。だから米国の経済的苦境について述べる。この状況はバイデン氏にとって有利な状況をもたらさない。経済状況が客観的にバイデン政権に打撃を与えている。だからバイデン氏はウクライナに米国が関与する理由について説明せざるを得なくなっている。以前、バイデン政権は、ウクライナが勝利に勝利を重ねていると述べていた。ロシアは後退している。ロシア軍には戦闘能力が欠けている。ウクライナ人は英雄だ。ウクライナはロシアという巨人を追撃し、勝利している。

しかし、ロシア軍が攻勢に出ていることをほとんどすべての人が認めている。そうなると以下の疑問が出てくる。ロシアはそれほど弱くないのではないか。この戦争が米国の勝利によって直ちに終結することはないのではないか。どうすればこの状況から抜け出すことができるか。本件についてバイデン大統領とその側近たちはこう述べている。「われわれは最終的に勝利するまで戦う。どこで戦いが勝利するかについてはウクライナのゼレンスキー大統領が決める。その間は米国の有権者は犠牲を甘受しなくてはならない。いつ、どのようにして戦争が終わるかについてはゼレンスキー氏が決めることになる」。この説明に米国の有権者は納得していない。この状況は11月に米議会中間選挙を控えたバイデン大統領の追い風にならない〉

米国の世論が内向きになり、米国民のほとんどがウクライナ戦争を重視していない状況が伝わってくる。バイデン大統領は、生き残りに必死で、ロシアに対する長期戦略を構築する余裕がないというのが実態なのだろう。

スースロフ　サイムズさんの分析に私も完全に賛成する。ここではブッシュ大統領（父）との並行現象が認められる。ブッシュ氏は冷戦で米国が勝利したと宣言した。しかし、1992年の大統領選挙で敗北した。そのとき勝利したのは経済を公約に掲げた若い上院議員ビル・クリントン氏だった。東西冷戦に勝利したことも、イラクとの戦争で勝利したことも、ブッシュ氏の助けにはならなかった。しかし、ブッシュ氏は外交における勝者だった〉

この「外交における勝者」という点が重要だ。

〈**スースロフ**　現状でバイデン氏はブッシュ氏よりもはるかに悪い状況に置かれている。まず、米国の経済状態がよくない。次に厳しい国際情勢に直面している。唯一の成果は、まだ留保付きだが、米国の周辺に西側諸国をまとめあげたことだ。その先について、ウクライナにおいて米国が敗北することは避けられない。少なくともモスクワでこの点について疑念を抱く人はいない。

サイムズ　米国では疑念を抱いている人がいる（敗北するのはロシアだという意）。

スースロフ　米国では疑念を抱いている人がいるとのことだが、少なくともルガンスク人民共和国の全領域が解放された。これが地上における現実だ。
バイデン政権は、西側以外の諸国に圧力をかけたが、奏功しなかった。これはバイデン大統領の大きな敗北だ。当初、米国は全世界でロシアを包囲すると言っていた。ロシアに対する制裁に人類の大多数が参加する事態にはまったく至らなかった。ロシアに対する経済制裁は効果があがらず、ロシア経済を崩壊させることはできなかった。ウクライナへの武器供与も戦局を根本的に変化させるには至らなかった。ほとんどの外交において米国は負けている。

それに加え、レトリックにおいても米国は戦争についてはウクライナが決めればいいと言っている。だから、ジェフリー・サックス氏のような著名な経済学者が、「ウクライナ戦争で米国は主体性を示すべきだ、いつ、どのような条件でウクライナが和平に向かうかについて米国が方針を示すべきだ」と述べている。私が個人的に考えるところでは、バイデン政権が現在の路線を続けるならば、政治的損失が増大するだけだ。現時点でウクライナ政府を交渉の席に着かせるという意思表示を米国が行う方がいい〉

このスースロフ氏の見解に対する、サイムズ氏の反応が興味深い。つい先日まで、バイデン政権に対する評価はスースロフ氏と同じだったというのだが、今は違うというのだ。それにはアメリカ内政に関連して2つの理由があるという。

〈**サイムズ**　第1は、最高裁判所が人工中絶を禁止したことだ。正確に言うと州ごとに中絶を認めることも禁止することもできるとした。米国民の半数以上が最高裁の決定が正しくないと考えている。大部分の女性と、女性ではない国民が中絶は個人が決めるべき事柄と考えている。この出来事が共和党に対して否定的影響を及ぼす。最高裁では（共和党系の）保守派の裁判官がこの決定を支持したからだ。

第2は、2021年1月6日の米国議会襲撃事件に対する下院調査委員会の報告だ。おそらくこの委員会は司法省にトランプ氏は有責であるという勧告を提出するであろう。米国の司法省も検事総長も勧告書の方針に従うであろう。しかし裁判では立証が必要とされる。バイデン側が本件でトランプ氏の容疑を立証することができれば、2024年の大統領選挙に影響を与える。共和党が勝利するチャンスが低くなる。政局は数週間前と比較すると緊張している。

スースロフ　最高裁の判決は民主党への大きな「贈り物」になった。共和党が20世紀の自由の伝統を壊そうとしているという絶好のテーマを民主党が見出すことができた〉

米国では中絶問題がウクライナ戦争よりもはるかに重要な内政を分節化する争点なのだ。

「エスタブリッシュメント」の存在

司会役のスースロフ氏は、11月に行われる米中間選挙の結果がウクライナ戦争に及ぼす影響について出演者に問うた。

〈**スースロフ**　サイムズさんに質問をしたい。あなたはバイデン政権が直面している問題について述べた。確かにバイデン氏の権力基盤は全体的に弱っている。民主党内部において進歩派と中道派の分裂が生じている。バイデン氏のエネルギー政策を進歩派は環境問題に対する裏切りと見なしている。共和党は最高裁の判決にもかかわらず、中間選挙で勝利すると思う。共和党では他の大統領候補者を大きく引き離してトランプ前大統領が大きな影響力を持っている。共和党支持者の56％がトランプ氏を大統領にしたいと答えている。第2位がフロリダ州のデサンティス知事だ。

デサンティス氏のイデオロギーと政治綱領はトランプ氏にとても似ていることに注視すべきだ。多くの人がデサンティス氏を「第2のトランプ」「小トランプ」と呼んでいる。共和党では以前同様にトランプ主義が主流だ。まさにこのイデオロギーが下院と上院で多数派を形成することになる。このことはバイデン大統領にとってどのような意味を持つだろうか。バイデン政権の利益になるような法案が採択されなくなる。議会の多数派がトランプ主義のイデオロギーを体現するようになると、米国の対ウクライナ政策にどのような影響が及ぶだろうか。トランプ主義者が更に400億ドルのウクライナ向けの軍事支出を認めるだろうか〉

サイムズ氏は、アメリカ外交について考えるうえで、政権の性格や政党の議席数に左右されない、「エスタブリッシュメント」の存在を見逃してはならないという。

〈**サイムズ**　その件については、ロシアにとって善い話と悪い話がある。悪い話はトランプ主義者が議会で多数派になることはないことだ。議会で獲得する議席数にかかわらずだ。米国の外交に関しては、いわゆるエスタブリッシュメントと呼ばれる人々がいる。この人たちは人気者のトランプ氏と喧嘩することはない。この人たちは大西洋主義者で伝統的なNATO型の外交政策を支持している。これが根本的に変わることはない。もしトランプ氏が大統領になって(ウクライナに関して)何らかの決断をするならば、それはロシアにとって大きなチャンスになる。

レシェトニコフ　ウクライナが崩壊もしくは敗北した場合にはどうなるか。

サイムズ　大きな衝撃を与える。私が述べたいのは共和党の主流ではないが、真面目な政治家(エスタブリッシュメント)についてだ。この人たちは現在の米国が完全に間違えて道を歩んでいると考えている。現政権は、同盟国との関係で私たちは間違えていましたというわけにはいかず、大きな太鼓を鳴らすように米国は自由社会を防衛していると叫び続けるしかない。その結果として米国がより安全になったのだろうか。ヨーロッパは安全保障を強化できたのだろうか。ウクライナにおけるロシアの軍事行動に対抗すべきか。名前を挙げることは避けるが、最近、私はこのような考えをする人々（現在のアメリカの路線は誤っていると考えている人々）と話をした。そのうちの1人は米国の政策に大きな影響を与える人物だ。この人たちも米国が外国と同盟関係に入ることは正しいと考えている。その際、米国は同盟国に対して真面目に向き合わなくてはならない。

だからこの人たちは、自分たちが米国で権力の座に就いたら、プーチン大統領と会談しなくてはならないと考えている。プーチン氏はロシア国家とロシア国民に政治的影響を与えるのみならず、米国の現実的な安全保障にとって重要だからだ。プーチン氏と合意できれば、米国にとってロシアは深刻な脅威でなくなる。

ウクライナ情勢の見通しがはっきりしてきた場合、米国はどのように対応するであろうか。アフガニスタンにおける破滅的かつ屈辱的な敗北の後、ウクライナでも敗北したら米国はどうなるであろうか。それが2024年（米大統領選挙）までに明らかになる可能性が十分にある。すると別の人たちが権力の座に就く。その人たちは別の原理で政策を展開するだろう。

スースロフ　危機の時期に戦略的思考がよみがえってくる。戦略的思考に関して、米国は最近30年間、休みをとっていた。米国人は冷戦の勝利者と考えていたし、事実上の独占的状態が続いていた。米国は他の大国による脅威を感じなかった。この戦略的思考の停止期間が米国の外交的敗北をもたらし、経済危機を深刻化させた。私は、米国が現下の外交的、経済的に直面している危機を克服するために戦略的思考を取り戻すことに期待している。このことはロ米間の戦略的安定のための対話をよみがえらせるだけでなく、意味のある競争と価値のある二国間関係を回復させることにつながる〉

この議論が物語るのは、現在、米国の政治エリートが戦略的に思考できなくなっているということだ。場当たり的なバイデン政権の外交が国際秩序に大混乱をもたらしているのだ。「グレート・ゲーム」の出演者が、ウクライナ戦争をアメリカによって管理された戦争だと認識しながらも、その着地点に至るアメリカの具体的なシナリオは人によって意見が分かれていた。それはバイデン政権が迷走していることの証明でもある。

言い換えれば、自由と民主主義というアメリカ市民（国民）を統合する「価値の体系」が大きく揺らぎはじめ、それが、アメリカ全体の豊かさを裏づけるものにならなくなった。あるいは両者は相互に作用しているとも言える。いずれにせよ、アメリカ市民にとって、価値と利益とが一致しなくなったのだ。その結果、政治エリートが、アメリカによるウクライナ戦争への関与の正当性について、自由と民主主義を守るという価値を持ち出して説明しても、市民には空疎に響き、結果として、国際社会におけるアメリカの「力の体系」の発揮を阻害している。

アメリカの独立記念日の変化から導かれる、アメリカ社会の内向と崩壊の兆しは、現状、アメリカと対立的な立場にあるロシアの識者の尺度があって見えたことだと思う。西側メディアが語る内向化するアメリカとはアプローチが異なって興味深い。

日本にとって今後もアメリカは重要な同盟国だ。そのアメリカの根幹をなす価値への信頼が薄れ、国家統合が揺れている。そんなときに、日本がアメリカ型価値観の体系だけを肥大させて「西側」の一員として振る舞うことが適切なのか。肥大化した価値の体系で組み立てられた言説を受け入れるだけでいいのか。

ここで語られたように、近未来において、ロシアが「アメリカから不利益を被っている国」と戦略的に関係を構築しはじめれば、北東アジアの勢力図にも大きく影響するだろう。

アメリカでは、11月の中間選挙、2024年の大統領選挙と、大きな政治イベントが控えている。結果によっては、アメリカの地殻変動の契機になる可能性がある。過去、アメリカの内外政の転換に日本は何度も振り回されてきた。このあたりで、あえてロシアの識者の尺度でアメリカとの距離を測ってみることも大切だと思う。

第6章　ウクライナと核兵器を考える

朝日新聞のインタビューから（聞き手＝編集委員・副島英樹）

危ぶまれる、お茶の間核論議
「抑止力の理論は通用しない」

朝日新聞デジタル2022年7月23日

佐藤 優 ロシアのウクライナ侵攻を機に、核兵器をめぐる日本の議論は、リアリズムから乖離《かいり》し、拙速で感情的すぎます。

まず今回、抑止というものが、近代的で合理的な人間観の上でのみ成り立っていることが示されました。

お互いの額に拳銃を突きつけて引き金に手をかけ、相手が引き金を引けば自分が直ちに引くので、結局は両者怖くて引けないだろう。

そういう抑止の理屈は、例えば、「我々は全世界を敵に回しても我が民族だけ生き残ればいい」と考えているような独裁者がいた場合は効きません。太平洋戦争末期の1945年の2月とか3月のころの日本人もそういう感覚だったわけですから。

それからもう一つ。「確かに私はそれで死ぬかもしれないけれども、私の魂が天国に上がって神様に保護されて永遠の命をくれる」といった信仰体系の人たちにも通じません。

今までなぜ、抑止理論が北朝鮮やイランに対して通じなかったかというと、まさに人間観の違いがあるからです。

「核共有」「敵基地攻撃能力」といった議論が、ウクライナ侵攻を受け日本で展開されるようになりました。感情的で拙速な核・安保論議は危ういと思います。

抑止をどう担保するかを考えた場合、「核共有」の話が出てきたのは問題です。いざ日本がやられた場合には、米国がその攻撃国を核で攻撃するということで抑止理論は成り立っています。

しかし、「(核兵器の)現物をここ(日本)に置いておけ、そうじゃないと信用できない」というのは、日米同盟を信頼していないことになります。それがなぜ、日米同盟や日本の安全保障の強化になるのでしょうか。

仮に日本がやられても、米国がそのために核兵器を使って自国のリスクを負うことはないという見方もあります。それで日本が独自に核開発をするなら、今度は原発が維持できなくなります。日米原子力協定はそういう仕組みになっています。

国際関係は三つの体系から成り立っています。

一つは「価値の体系」、二つめは「利益の体系」、三つめは「力の体系」です。

ソ連時代からロシアをウォッチしてきた立場からすると、ウクライナ戦争をめぐる日本の報道や有識者の論調は限りなく「価値の体系」に寄り過ぎている。「民主主義対権威主義」、あるいは「自由対独裁」といった2項対立になっているわけです。

確かに岸田文雄首相は今までの日本政府の対ロ政策を放棄して、先進7カ国（G7）との連携を強調し、北大西洋条約機構（NATO）の首脳会議にも参加しました。価値の体系においてはG7、特に米国と一緒にやっていく姿勢は鮮明です。

力の体系で考えた場合、日本は紛争地域に兵器を送れないし、日本の支援は軍事的には微々たるものなので、今回のウクライナ戦争でロシアに対して厳しく出ているのは価値の体系だけになっています。

かつて我々は歴史の中で、価値の体系の肥大化によって国を破滅に追い込んだことがあります。太平洋戦争です。アジアに対する白人支配というものを容認してはならない、アジアの解放だと、満蒙（現在の中国東北部と内モンゴル）は大日本帝国の生命線だと。

これはどう考えても力の体系で考えれば無謀なことでした。結果、米欧などに対抗措置をとられ、ＡＢＣＤ包囲網を経済的につくられた。

当時の日本は、利益の体系、力の体系をはるかに凌駕《りょうが》する価値の体系でした。今と非常に構図が似ています。

リアリズムから乖離した核共有論

こういう文脈の中で核兵器の議論も出てきています。そのほとんどが価値観をめぐる議論です。そこで、もし日本が核開発するなら原発と完全に決別しなければならないというゲームのルールはわかっているのかと。核兵器を置くにしても日本は狭い国だから、地上基地に置いた場合には最初の攻撃で破壊されてしまう可能性もあります。そうすると潜水艦発射弾道ミサイル（ＳＬＢＭ）で対抗するしかありませんが、原子力潜水艦をどう開発していくのか。

いろんなところに隘路《あいろ》があります。最低でも10年ぐらいかけて考えるべきテーマなのに、核共有については極めて感情的です。こういう安全保障の問題はお茶の間で決める問題ではありません。感情を極力排して、専門家がきちんと議論しないといけない話です。

はっきりしたのは、抑止力の理論は通用しないということです。

広島の10分の1ぐらいの威力の小型核兵器だったら使えるというのは全部、机上の空論です。広島の10分の1程度だったら、それをロシアが1発撃つんだったら米国はどこかで撃ち返して……とゲーム感覚で話しているが、それで物事は解決しません。いくらでもエスカレートします。ある意味での平和ぼけです。

実際に戦争で人が死んで、その悲しみがどういうものであり、あるいは人間が焼け焦げるにおいがどういうものか、それが分からなくなっている人たちの議論なのです。日本人の戦争観、平和観、人間観、それこそ価値観全体が問われているのが、今の状況だと思います。その揺らぎから生じている現象面の一つが、核共有の議論だと思います。ねじれが多すぎて、どこからこの議論がおかしいのか解明するのが非常に大変です。

核共有の話はリアリズムから乖離したところの、空中で何重にもねじれた議論なので、論評するのがものすごく難しい。

ロシア代表を式典に招待しなかった広島・長崎

広島市が2022年8月6日の平和記念式典にロシア代表を呼ばないと決めたことも、感情の熱気の中に入った表れです。広島は本来の人類史的な役割を放棄してしまいました。

国の行事だというならまだわかりますが、広島は地方自治の枠の中で国策と必ずしも一致はしなくていい。広島の原点とは、あらゆる核に反対ということなのに。

広島はとにかく、「我々は世界で人類史で一番最初に核の大量破壊兵器の犠牲になったんだ」「これを二度と繰り返してはいけない」、だからすべての国、なかんずく核保有国をその現場に連れてきて、「これを繰り返すな」と伝えるべきなのです。

客観的に見て、今は東西冷戦期より核兵器使用の危険性が高まっているのに、その核兵器廃絶に向けての動きを自ら放棄してしまっている。やはりロシア代表を招待しなかった長崎市も同じです。

しかし、それが広島や長崎の対応だけでなく、今の世の中の流れなんだという雰囲気に日本の世論全体がなっています。

岸田政権にしても、核兵器禁止条約にはあれだけ前向きの発言をしていて含みを持たせていたのに、結局、(6月の)締約国会議へのオブザーバー参加もしませんでした。

これはやはりウクライナ戦争で、米国といささかでも差異があることを我々はしない、という方向に舵を切ったことを表しています。

ロシアを「敵」と認定していないのに

「敵基地攻撃能力」というのも、完全に時代の流れから乗り遅れた概念です。それも二重の意味で。まず我が国の外交は「敵を作らない」が原点だったはずです。ウクライナ戦争になった今でも、ロシアを「敵」と認定していません。北朝鮮もそうだし、「仮想敵」との認定もしていません。敵国がないのに、敵基地を攻撃するという概念が論理的に矛盾しています。敵を想定すること自体が、日本の外交の基本に反しています。

それから、固定基地であろうと移動基地であろうと、基地というものを攻撃する概念だと、サイバー空間はどうなるのでしょうか。インターネットのすべてが基地なのか、宇宙はどうなのか……と次々疑問は湧いてきます。そうすると時代に対応できないわけです。

敵基地攻撃能力といえば、例えば一昔前は北朝鮮を想定していました。

日本政府は一昨年、北朝鮮に対してはスタンド・オフ・ミサイルの開発を決めました。実際、閣議決定までしているから、（射程範囲は）北朝鮮全域を覆うことになります。とすれば、敵基地攻撃能力として想定しているような能力をすでに持っているというわけです。なぜ今さらこれを議論しようとするのか。

これも価値の肥大化です。敵の基地をいつでも攻撃できると勇ましいことを言うことが、安全保障に貢献するとみんな思ってしまっている。

安全保障上の脅威があるということだったら何でも是認し、あるいは黙っておればいいのか、反撃能力についても何がどういう形で入ってくるのかというのはよくわかりません。これは非常に危ない。

だからこの種の話は急いで解決する必要があるのは間違いないものの、拙速なことはしてはいけない。

戦争は人間の心から起きる

米国が考えているのは「管理された戦争」なんですよ。すなわち、ウクライナへの支援は続けるが、その支援によって戦争がロシアに拡大し、ロシアによって米国が交戦国認定をされるということは避けたいと考えている。

もう一度、1986年にアイスランド・レイキャビクで開かれたサミットに立ち返る必要があります。あの頃、米ソが中距離ミサイルを全廃するとは誰も思っていませんでした。まったく別な環境で育ったゴルバチョフ書記長とレーガン大統領という2人の、人間的な化学反応が起きたのです。

お互いに戦争を望んでいるわけではない、人類の破滅を望んでいるわけではないと確認し合い、本格的な核軍縮が始まりました。

軍拡をこれ以上進めるとまずいと思っている政治指導者が、あるタイミングで大胆に核廃絶の方向に向かって進み出す可能性を、我々は軽視してはいけません。

やはり戦争は人間の心から起きるわけですから。

核禁条約を冷笑するな
「時の印を絶対に捉え損ねてはいけない」

朝日新聞デジタル2020年12月11日

佐藤　優　核兵器は絶対悪と言っていいと思います。もちろん私も元外交官ですから、抑止という考え方は分かります。しかし、それが必ずしも機能するかということは怪しい。こうした中で、核兵器禁止条約の発効によって、物理的に核兵器そのものをなくしていく方向へもう一歩進むということは非常に重要だと思います。

国際政治は振り子のように動いていますが、リーダーの決断などへの影響はかなりあると思います。

日本政府は核禁条約に非常に冷ややかだとの見方がありますが、核廃絶に向けて少しずつシフトが始まっています。自公連立政権の中で、核廃絶は意外と大きいウェートがある。核廃絶は公明党の支持母体である創価学会にとって絶対的な真理です。いけないものはいけないと。その意味でも、核禁条約は非常に大きな意味を持ちます。

政治エリートの意識だって変わる

ともかくオブザーバーの参加をしていく。唯一の戦争被爆国という日本の立場を生かして、米国にもロシアにも中国にも働きかけていく。そうした方向へ、わが国として歩みを進めていくのはとても重要です。長崎を最後の被爆地にするということです。シニシズム（冷笑主義）に陥ってはいけない。それこそ、冷戦時代に米ソが中距離核戦力（ＩＮＦ）全廃条約を結んだ時も、できるはずないとみんな言っていたわけですから。あるタイミングで、すっとできる時がある。歴史の一種の巡り合わせがあるのです。

そのタイミングが来た時にすぐに対応できるよう、メディアも政治エリートも我々論壇陣もその備えをして待って、時の印を絶対に捉え損ねてはいけないと思うんですよ。あきらめてはいけないんです、絶対に。

最初は冷戦思考の延長線上でソ連を「悪の帝国」と言っていたレーガン米大統領も、共産党体制を刷新してより強いソ連を作ろうとしていたゴルバチョフ書記長も、その考えが変わっていくのは、やはり核の脅威というものへのリアルな認識があったからです。政治エリートたちの良心をあまり過小評価しない方がいい。あるきっかけで転換というのは可能になる。ですから、その土壌を常に作っておくことが重要です。

道徳的な歯止めがなくなると、お互いの憎悪の論理で、対立は拡大していきます。地域紛争で核の誘惑に駆られない保証はどこにもない。だからモラル的に、国際法的に違法なんですよと言い続ける。議論の土壌を作っておく。ないよりはましです。

根っこにあるのはヒューマニズム

脅威というのは「意思×能力」です。北朝鮮との関係では、能力より意思をなくす努力の方がはるかに現実的でリスクが少ない。そのために外交とエンゲージメントが必要です。例えば日韓米中ロと北朝鮮の6者協議の枠組みがあります。そこにモンゴルを加えて、武力の相互不行使というマルチのシステム、地域的な集団安全保障体制をつくる。対立国を巻き込んで。

その時に核禁条約は生きてきます。核の相互不使用を日本からアジェンダ（議題）に挙げればいい。各国は核使用の固有の権利は持っていても、ここの締約国は政策的に行わないと。そういうところからスタートしていけばいい。

核禁条約は価値観と関わってくる。その根っこにあるのはヒューマニズムです。そこがシニカルだったらだめなんです。

本書は「一冊の本」(朝日新聞出版)2022年8~10月号「混沌とした時代のはじまり」に大幅に加筆修正し、「朝日新聞デジタル」2022年7月23日、20年12月11日のインタビューを加えたものです。

佐藤　優 さとう・まさる
作家、元外務省主任分析官。1960年生まれ。同志社大学神学部卒業。同大学大学院神学研究科修了。85年、外務省入省。在ソ連・在ロシア日本大使館勤務。対ロシア外交などで活躍。同志社大学神学部客員教授。著書に『国家の罠』（毎日出版文化賞特別賞）、『自壊する帝国』（大宅壮一ノンフィクション賞、新潮ドキュメント賞）、『十五の夏』（梅棹忠夫・山と探検文学賞）、『池田大作研究』『プーチンの野望』など多数。外交、政治、文学、歴史など幅広い分野で執筆活動を展開した功績により、2020年、菊池寛賞受賞。

朝日新書
885

よみがえる戦略的思考《せんりゃくてきしこう》
ウクライナ戦争で見る「動的体系」

2022年10月30日第1刷発行

著　者　佐藤　優

発行者　三宮博信
カバーデザイン　アンスガー・フォルマー　田嶋佳子
印刷所　凸版印刷株式会社
発行所　朝日新聞出版
〒104-8011　東京都中央区築地5-3-2
電話　03-5541-8832（編集）
　　　03-5540-7793（販売）

Published in Japan by Asahi Shimbun Publications Inc.
ISBN 978-4-02-295193-9
定価はカバーに表示してあります。